POEMAS EN PROSA

STÉPHANE MALLARMÉ

POEMAS EN PROSA

Prólogo de Violeta Percia

Traducción de
Carlos Cámara y Miguel Ángel Frontán

Edición bilingüe

Ediciones
De La Mirándola
gálica máxima

Título original: Poèmes en prose.
Primera edición digital, marzo de 2016.
Primera edición en papel, diciembre de 2016.

© del prólogo: Violeta Percia.

© de la traducción y cronología: Miguel Ángel Frontán y Carlos Cámara.

© de esta edición: Ediciones De La Mirándola.

Publicado por:

EDICIONES DE LA MIRÁNDOLA
Ciudad Autónoma de Buenos Aires
República Argentina

e-mail: admin@delamirandola.com
Sitio web: delamirandola.com

Todos los derechos reservados.

ISBN: 9781520125541

ÍNDICE

Poèmes en prose
- Le phénomène futur — 28
- Plainte d'automne — 32
- Frisson d'hiver — 36
- Le démon de l'analogie — 40
- Pauvre enfant pâle — 44
- La pipe — 48
- Un spectacle interrompu — 52
- Réminiscence — 60
- La déclaration foraine — 62
- Le nénuphar blanc — 74
- L'ecclésiastique — 82
- La gloire — 88
- Conflit — 92

Prólogo	11
Bibliografía	
Poemas en prosa	
El fenómeno futuro	29
Queja otoñal	33
Temblor invernal	37
El demonio de la analogía	41
Pobre niño pálido	45
La pipa	49
Un espectáculo interrumpido	53
Reminiscencia	61
La declaración en la feria	63
El nenúfar blanco	75
El eclesiástico	83
La gloria	89
Conflicto	93
Cronología	107
Notas	113

MALLARMÉ Y EL ENTERO OLVIDO DE IR

I.

La obra de Stéphane Mallarmé es inseparable de aquella indagación del lenguaje poético de la que surge su profunda comprensión tanto del ritmo de la escritura como del ritmo de la lectura —donde se reanudan o interrumpen los signos de la modernidad. El ritmo mallarmeano debe entenderse, más allá de las sucesiones cronológicas y su fundamentación causal, como un trabajo aéreo con las velocidades del sentido en las palabras y de la palabra en los sentidos. Es ante todo —según una expresión del poeta cubano José Lezama Lima— una *intensidad*.

Si Mallarmé fue censurado por muchos de sus contemporáneos, incluido Marcel Proust, y adorado por otros, como Paul Valéry, es porque su escritura no se ha creado nunca un lector, ha priorizado en cambio esa intensidad, aleatoria, divergente, dispar, reversible, que por un lado se resiste a las condiciones de enunciación, escapa a las determinaciones del sentido; y por otro, asume las formalidades para multiplicar en una serie de silencios las fuerzas contrarias a esa formalización. De ahí que el nombre de Mallarmé exceda la historia de la literatura francesa y de la poesía en general, así como las diversas imágenes con las que se ha intentado caracterizar su obra, unas veces bajo el velo de la oscuridad o la turbación de lo ininteligible, otras exaltando su ingenio y la invención formal, que ha fascinado a las vanguardias del siglo XX, interés que se extiende a diversos movimientos en Latinoamérica como el de la poesía concreta brasileña de Décio Pignatari y los hermanos Augusto y

Haroldo de Campos.

Para nosotros, su originalidad se debe a que el poeta cree en la poesía. La poesía es para él una "fuente innata anterior al concepto", "una arquitectura espontánea y mágica, (…) de poderosos cálculos y sutiles" (II, p. 659). Tal como escribe en una prosa que lleva por título "Le Mystère dans les Lettres" ["El Misterio en las Letras"], la escritura poética presenta con palabras un sentido "indiferente" que es, sin embargo, ganado cuando aquello que a nadie le concierne se vuelve encantador (es decir, fascinante, por un poder a la vez inofensivo e inquietante). En otros términos, el texto poético acomete el deslumbramiento de lo común, toma algo presuntamente intrascendente y extrae de allí un signo oculto, pero también, invierte aquello trascendental que se ha vuelto, por el uso o el sentido común, corriente moneda de cambio, y con ese metal (hace) ahora obra. La realidad existente en el papel, y esto es lo que es oscuro (vale decir, extraño) según Mallarmé, en el texto poético brilla, se agita, se mueve, se levanta.

Por eso, si, como sugirió Lezama Lima, la posibilidad de agrupar el tiempo de un escritor y de su obra corresponde "a los momentos en que éstos alcanzaron un signo", podríamos encontrar en Mallarmé signos de la nada, de la lucidez, del misterio, de la baratija, del ardid, todos éstos, a su vez, signos de la modernidad. De manera que su poesía no debería agruparse por etapas en la evolución desde el verso romántico al verso parnasiano para llegar al verso libre coronado en un verso prismático, polimorfo y cercano a una partitura, como el de su conocido poema *Una tirada de dados jamás abolirá el azar*. Antes bien, Mallarmé considera que en cada ocasión reside un tiempo; más precisamente, el signo del verso no está dado por su innovación formal sino por la temporalidad del pensamiento y por los espaciamientos necesarios para su revelación, donde se halla también la temporalidad sensorial de una visión o de un oído.

Acerca de esto opinaba en una encuesta "Sobre la evolución literaria" —realizada a escritores y poetas del *fin de siècle* por Jules Huret para el periódico *L'Écho de Paris*— que no se trata de suprimir el gran verso ni proscribir el alejandrino, sino de guardarlos para ciertos movimientos del alma, de ese modo, decía, "el volumen de la poesía futura será aquél a través del cual corra el gran verso inicial junto a una infinidad de motivos tomados del oído individual" (II, p. 699). La idea de que a los movimientos singulares del alma les corresponden composiciones poéticas singulares persiste en Mallarmé. La escritura es un momento del sentido que él llamará "nudo rítmico" (II, p. 64) y su modulación es siempre original. Más aún, el arte de escribir consiste en recorrer las curvas del pensamiento y de su noche, captar sus direcciones, lograr que el ritmo de las palabras comunique esos ritmos del sentir y del pensar.

Por otro lado, a partir de un pensamiento del ritmo, Mallarmé evitará tomar posición en las disputas estéticas de su época sobre la esencia de la poesía —que basculaban en el antagonismo de una poesía próxima a la pintura y una poesía próxima a la música, entre el universo referencial y el universo formal. Mallarmé considera que la poesía persigue la posibilidad para el lenguaje de abrazarse con la noción ("épouser la notion"), de manera tal que vuelve a reunir lo que para el lenguaje permanece necesariamente separado, reparando la dramática escisión entre el sentido y el sonido, que redoblaba las paradojas de una dialéctica entre el contenido y la forma. La boda del verso y la noción es una comunión que sustrae a los términos su sentido común, para que el sentido recobrado en la unión se componga o surja, como un *ritornello* que insiste en lo que arrastra, al igual que la muerte de la *penúltima* en "El demonio de la analogía".

De este modo, si los signos de la modernidad culminan en la figura del poeta como crítico, definición ancilar del artista moderno cuya obra no es creativa sin ser también negatividad, Mallarmé retoma este imperativo en el orden de una intensidad vivida inútil y fatídicamente, promoviendo la función de un necesario desaprendizaje de todo lo heredado. En ese sentido, confiesa a Villiers de L'Isle-Adam que toda su obra la ha creado "por eliminación", puesto que "La destrucción fue mi Beatriz". El crítico como demoledor contiene el martillo con el que Nietzsche prometía avanzar sobre la cultura, pero en este caso se vincula también a la concepción del poeta como artífice de las apariciones: el poeta modula todo aquello que está ya desaparecido, ausente o escapando, haciéndose eco de esos significantes escondidos o caídos que insisten como sentido común. En ese mundo invertido por la idea de destrucción, Mallarmé pondrá en juego la disolución del sujeto y el desmontaje del lenguaje. De manera tal que en su célebre escrito "Crisis de verso" proclamará "la desaparición elocutoria del poeta", es decir, una poesía donde el sujeto abandone la elocución para dar "la iniciativa a las palabras" (II, p. 211). Existe en ese gesto una contestación a cierta poesía romántica que, como se sabe por ejemplo en Nerval, había hecho del sujeto exaltación y culto. Sin embargo, lo más sugestivo es que la sustracción del sujeto del mundo da paso a una multiplicación de la presencia de objetos que, paradójicamente, son siempre prescindibles o se encuentran en desuso.

Otra obsesión de la modernidad es el tiempo, y el lenguaje pertenece a la lógica de la sucesión que cae bajo su despotismo. Para conjurarlo, para entrar en el infinito del sentido, Mallarmé inventó lo simultáneo. Formas de ello fueron la constelación, el pliegue y el abanico (muchos poemas suyos versan sobre esto, el más explosivo es, otra vez, *Una tirada de dados*). Contra lo sucesivo indistinto, contra la totalidad prosaica, homogénea y coherente de la novela, Mallarmé imaginó la simultaneidad de la idea.

Al desarrollo y a la duración de la frase, le opuso mil rodeos, mil giros, mil *tours*.

Para sustraerse a la serie temporal, en sus poemas en prosa, quiso desmentir el dominio de una materia concebida como extensa, haciendo uso de la acumulación y del retardamiento, formas también de la suspensión y de las desviaciones, así, lograba abrir a su espesor las superficies aparentes. Será inmediato advertir el recurso de giros interrogativos del lenguaje, de meandros concesivos, de extensas frases relativas o cláusulas restrictivas, procedimientos a través de los cuales el sujeto, el centro, el tema se pierden o diluyen. La pragmática más afín a su poética es la ausencia de sujeto como ausencia de tema, pero también como abandono del centro en función de aquello que Mallarmé llama *gravitación*. En ese modo, se le confiere una suerte de hendidura enigmática a lo cotidiano, al instalar ante la mirada habitual una falla en donde emergen los extrañamientos propios tanto del sopor como de la ensoñación o el sueño. La frase se funde con el movimiento trasversal del texto, se vuelve una *frase total* que es preciso retomar una y otra vez, para reparar en sus fragmentos o para no perder de vista su ilación: el sentido *se sigue* "en el entero olvido de ir". La mirada no se fija al paisaje (en una descripción extensa, natural), se hace antes incomodidad, inquietud, incorrección, malversación, choque. La mirada y la palabra están muchas veces fuera de campo y fuera de lugar: son políticamente incorrectas, cuando no, fracasan, desvarían.

II.

La selección de los *Poemas en prosa* que se presenta en este volumen se ajusta al criterio establecido por la edición francesa de La Pléiade, que reúne con ese título los poemas en prosa aparecidos en revistas y publicaciones colectivas con anterioridad a su recopilación en la sección "Anecdotes ou Poèmes" ["Anécdotas o Poemas"] del libro *Divagations* [*Divagaciones*], que Mallarmé publica en 1897.

La génesis de estas prosas se remonta a 1864, cuando aparecen en la revista *La Semaine de Cusset et de Vichy*, con una dedicatoria a Charles Baudelaire, "L'Orgue de Barbarie" y "La Tête" —textos a los que Mallarmé renombrará como "Plainte d'automne" ["Queja de otoño"] y "Pauvre enfant pâle" ["Pobre niño pálido"]. Son de ese mismo año otros cinco poemas: "Causerie d'hiver" —el futuro "Frisson d'hiver" ["Temblor invernal"]—, "La Pipe" ["La pipa"], "L'Orphelin" —cuyo título posterior será "Réminiscence" ["Reminiscencia"]—, "Le Phénomène futur" ["El fenómeno futuro"] y "Le Démon de l'analogie" ["El demonio de la analogía"]. Posteriormente, se interpone un largo período de silencio que puede fecharse en los años en que Mallarmé se desempeña como profesor de inglés en distintos colegios secundarios de provincia. En su correspondencia se refiere a ese tiempo como a un "exilio" durante el cual sufre profundos padecimientos, producto de una crisis que él mismo considera tanto física —pues se agudizan los síntomas de su reumatismo— como de lenguaje. En 1870 retomará la escritura y, en ocasión de una reedición de los dos últimos poemas mencionados, publica uno nuevo: "Un spectacle interrompu" ["Un espectáculo interrumpido"].

En los años ochenta, ya instalado en París y acompañando el auge simbolista y decadentista que impulsa nuevas revistas donde se reagrupan las generaciones de escritores y poetas, su obra tendrá otro momento de impacto. En ese contexto, entre 1885 y 1887 publica los cuatro poemas que completan la serie: "Le Nénuphar blanc" ["El nenúfar blanco"], "L'Ecclésiastique" ["El Eclesiástico"], "La Gloire" ["La

Gloria"] y "La Déclaration foraine" ["La declaración en la feria"]. Más tarde, en la selección para *Divagations*, agregará a los doce mencionados el texto "Conflit" ["Conflicto"], prosa que había aparecido en 1895 en la sección "Variations sur un sujet" ["Variaciones sobre un tema"] que escribía todos los meses para *La Revue blanche*.

III.

La concepción de los poemas en prosa remite de manera obligada a Baudelaire, y Mallarmé no escondió esa trasmisión. Aquella dedicatoria con la que publicaba sus primeras prosas era un homenaje y una filiación con los poemas en prosa del poeta de *Las flores del mal*, que habían aparecido en *La Presse* durante el año 1862, pero también con los principios teóricos que Baudelaire había precisado en una carta a Arsène Houssaye, que se hacía pública en esa misma circunstancia: allí celebraba el "milagro de una prosa poética, musical sin ritmo y sin rima, lo bastante dúctil y lo bastante entrecortada para adaptarse a los movimientos líricos del alma, a las ondulaciones de la ensoñación, a los sobresaltos de la conciencia" (I, p. 1327-1328).

Por un lado, el poema en prosa viene a romper el canon cerrado de una poesía limitada a reglas prosódicas y de versificación sumamente estrictas, que en Francia había alcanzado su paroxismo en la segunda mitad del siglo XIX con *El Parnaso contemporáneo*, es decir que viene a contrarrestar la reducción de la poesía en un verso encorsetado por el alejandrino, cultivado hasta su extenuación por los poetas parnasianos. De ahí que la prosa poética se asuma como una práctica de escritura sumamente liberadora en el mismo sentido en que lo fue el "verso libre", impulsado en la misma época por Verlaine y celebrado por Mallarmé, que lo consideró un "hermoso hallazgo" (II, p. 64) y una "modulación (…) individual, porque toda alma es un nudo rítmico" (II, p. 64).

De hecho, la continuidad entre los poemas en prosa y el verso libre, en cierto modo, su reversibilidad, había sido declarada por Mallarmé en algunas de sus intervenciones públicas. Para él, toda prosa suficientemente estilizada era poesía, de ahí que afirmara en la misma encuesta "Sobre la evolución literaria" a la que ya nos referimos, que "El verso está por todas partes en la lengua donde hay ritmo" (II, p. 698), y en una conferencia dictada en Oxford y en Cambridge, bajo el título *La Música y las Letras*, formulara la provocativa sentencia de que "el verso es todo, desde que uno escribe" (II, p. 64). En este sentido, el verso libre no era otra cosa que el florecimiento y la eclosión de aquello a lo que se había dado el nombre de *poema en prosa*.

Por otra parte, la influencia de Baudelaire precisa la actitud del poeta como crítico de la modernidad. Como se sabe, los poemas en prosa de Baudelaire retoman la "descripción de la vida moderna", evocan momentos tomados de las realidades más descascaradas en las superficies del cosmopolitismo e instalan allí el culto de lo prescindible, como una prolongación exacerbada de lo que no tiene actualidad.

Recogiendo esa herencia, los poemas en prosa de Mallarmé podrían colocarse en una serie con aquello que él mismo llamó "Versos de circunstancia" y, en otras ocasiones, "Les Loisirs de la Poste", es decir, versos del tiempo libre, relativos a la ociosidad de las correspondencias. Todos ellos adoptan el trazo presuntamente despreocupado de un boceto que se hace a mano alzada. A su vez, recuperan cierta idea de *fragmentación*, no tanto porque se trate de una realidad fragmentada sino porque persiguen aquello que *insiste* en lo que fragmenta la realidad. Pequeñas piezas o trozos suspendidos del orden cohesivo y conclusivo de los relatos, porciones del tiempo libre en el que el pensamiento discurre por el recuerdo o estalla ante la imaginación, recorridos posiblemente similares al del ensueño. Allí, los temas no se desarrollan, son sólo cifras o enigmas, que se repiten y que nos atraen creando sus propios dramatismos.

El extrañamiento al que Mallarmé somete la frase se repite en un extrañamiento de los temas, en un sujeto indefinido que aparece diferido por los rodeos de la escritura. Esa extrañeza tiene como efecto el desvío —a la condena colectiva del universo referencial presente en los simbolistas, Mallarmé le agrega un gusto por la *divagación*, es decir, por el humor— que coincide con un diluvio intrincado de palabras y con el recurso de la *variación de un mismo tema*. En efecto, se trata de esos temas que se reencuentran y redescubren como un tiempo perdido, y que insisten en la literatura cuando son parte de *las palabras de una tribu*.

Ahora bien, la génesis de esta mirada crítica sobre la modernidad se halla profundamente relacionada con la temporalidad que imponen las nuevas tecnologías de la comunicación. Hay que tener en cuenta que, hacia finales del siglo XIX, se cristaliza tanto el crecimiento numérico de la prensa escrita como la definición profesional del escritor periodístico, y en ese marco, la prensa ostenta una hegemonía cada vez más declarada sobre la disputa por la verdad y la exposición objetiva de la realidad. La era de la multitud da lugar a la era del gran público. Gabriel de Tarde, en *La opinión y la multitud*, define "la actualidad" no como lo que acaba de tener lugar, sino como una "sensación" intensamente provocada por la lectura de los periódicos, que induce en un gran número de personas la concepción simultánea de una determinada pasión o convicción, originando un sentimiento de cohesión social que proviene de compartir una determinada idea o voluntad, en el mismo momento. Tarde comprende que si bien la influencia del libro —dominante en los siglos XVIII y XVII— generaba en los lectores una identidad filológica y de lengua, no lograba crear esa conciencia nacional fundada en el *interés común* suscitado por las "cuestiones *actuales* y simultáneamente apasionantes para todos" (1910, p. 81). La *sensación de actualidad* provocada por los diarios se completa con un tiempo, cada vez más, signado por la ausencia de pasado, y si la prensa tiene por función enmascarar o distanciar la historia, el presente resulta vorazmente tragado por esa actualidad.

El impacto que tienen estas condiciones en la época es fundamental para comprender el gesto de estas prosas de circunstancia, que son tanto una crítica de aquella idea de actualidad, como una escritura que interrumpe, con displicente humor, las formas y la seriedad de las crónicas cotidianas que aparecían en la prensa. Mallarmé pondrá en juego la siguiente paradoja: para "ver claro en la contingencia" hay que poder adentrarse en la banalidad de su misterio. Por eso, afirma en "El Eclesiástico": "es de su misterio casi banal del que exhibiré un ejemplo inteligible y asombroso". El tiempo de la contemplación se opone al tiempo voraz de la información, cuya actualidad (e interés) proviene de que algo sea leído al mismo tiempo por todos. En efecto, si estas prosas se inscriben en el tiempo inactual de "una contemplación", además, lo que se contempla es lo que aparece "desapercibido, en la multitud y en los usos".

Como decía en una conferencia en homenaje a Villiers de l'Isle-Adam, el lenguaje se encuentra entre "los artefactos de captación del mundo moderno" (II, p. 34); las prosas poéticas refuerzan ese artefacto de manera que entre la realidad y el espectáculo, entre el ciudadano y el público, la vida moderna se disuelve, se disuade, se contrasta, librando una lucha y fusión entre el fondo y sus superficies. El poeta de las *Prosas*, siguiendo al *flâneur* de Baudelaire o al *vidente* de Rimbaud, compone en la *ensoñación* [*rêverie*] la sintaxis adecuada de una mirada que no circula entre la multitud ni impacta desde un rayo, sino que, sumergida en la ceguera del público y los mercados, se evapora en un vaho que corroe las formalidades.

La dimensión onírica de algunas de sus prosas entabla un diálogo muy fino y discreto con lo inoído, revelándose como un mudo silencio que vocifera sus signos desde el reducto de lo *no-dicho*. En la escena cotidiana, en un suceso al aire libre, en la calle o en el lugar de paseo, la escritura indaga ese umbral entre la Idea y el Sueño en el que, para Mallarmé, se encuentra el tiempo entre tiempos de la poesía, tiempo suspendido entre el pasado y el futuro, entre el deseo y su realización, entre la perpetuación y su recuerdo, tiempo de la *alusión perpetua* o de lo que considera: un "medio puro de ficción" (II, p. 178).

Al poner en escena la teatralización de la vida moderna, se evidencia el carácter convencional de lo real, a través de sus propias máscaras: contra la actualidad de eso que llamamos realidad, Mallarmé multiplica las maneras. De modo que si el teatro sigue siendo el espacio de reunión, de fiesta colectiva, de ficción de lo común, esa *teatralidad de lo real* que conjugan los poemas tiene como efecto el cuestionamiento del realismo más vulgar, mas sólido, más extenuante.

Sus poemas en prosa son, por todo esto y sobre todo, según una expresión que leemos en "El Eclesiástico": "un sello de modernidad, a la vez barroca y bella".

Para terminar, resta decir una palabra sobre la edición de De La Mirándola, que ofrece una traducción admirable por la exactitud con la que logra conservar la letra mallarmeana y repetir su sintaxis, su ritmo, sus precisiones léxicas. No es habitual encontrar una traducción que se arrime al nudo rítmico de Mallarmé, a la expansión simultánea de su frase, a su sonora inserción en el sentido, dando cuenta de sus dilaciones, sin caer en formas obsoletas y sin normalizarlas o explicarlas. La traducción asume las formas del francés, pero más precisamente, la lengua de Mallarmé –a la vez moderna y barroca, con sus torceduras y su regocijo por los artificios de lo simultáneo–, de tal manera que encuentra una legítima forma de darle una lengua en nuestra lengua. Faltaba en castellano una versión de esta obra que no resultara arcaica, que no solemnizara su lenguaje o sus giros lingüísticos, que no cayera en la plétora con la que se suele reducir la poesía simbolista y que, finalmente, recuperara cierto humor mallarmeano.

Violeta Percia

BIBLIOGRAFÍA

Stéphane Mallarmé, *Œuvres complètes* I, édition présentée, établie et annotée par Bertrand Marchal, Bibliothèque de la Pléiade, Gallimard, Paris, 1998 [I].

Stéphane Mallarmé, *Œuvres complètes* II, édition présentée, établie et annotée par Bertrand Marchal, Bibliothèque de la Pléiade, Gallimard, Paris, 2003 [II].

José Lezama Lima, "Nuevo Mallarmé I y II", en *Tratados en La Habana*, Ediciones de la Flor, Buenos Aires, 1959.

Gabriel de Tarde, *L'opinion et la foule*, Félix Alcan éditeur, Paris, 1910.

POÈMES EN PROSE
POEMAS EN PROSA

POÈMES EN PROSE

POEMAS EN PROSA

LE PHÉNOMÈNE FUTUR

Un ciel pâle, sur le monde qui finit de décrépitude, va peut-être partir avec les nuages : les lambeaux de la pourpre usée des couchants déteignent dans une rivière dormant à l'horizon submergé de rayons et d'eau. Les arbres s'ennuient et, sous leur feuillage blanchi (de la poussière du temps plutôt que celle des chemins), monte la maison en toile du Montreur de choses Passées : maint réverbère attend le crépuscule et ravive les visages d'une malheureuse foule, vaincue par la maladie immortelle et le péché des siècles, d'hommes près de leurs chétives complices enceintes des fruits misérables avec lesquels périra la terre. Dans le silence inquiet de tous les yeux suppliant là-bas le soleil qui, sous l'eau, s'enfonce avec le désespoir d'un cri, voici le simple boniment : « Nulle enseigne ne vous régale du specacle intérieur, car il n'est pas maintenant un peintre capable d'en donner une ombre triste. J'apporte, vivante (et préservée à travers les ans par la science souveraine) une Femme d'autrefois. Quelque folie, originelle et naïve, une extase d'or, je ne sais quoi ! par elle nommé sa chevelure, se ploie avec la grâce des étoffes autour d'un visage qu'éclaire la nudité sanglante de ses lèvres. À la place du vêtement vain, elle a un corps ; et les yeux, semblables aux pierres rares, ne valent pas ce regard qui sort de sa chair heureuse : des seins levés comme s'ils étaient pleins d'un lait éternel, la pointe vers le ciel, aux jambes lisses qui gardent le sel de la mer première. » Se rappelant leurs pauvres épouses, chauves, morbides et pleines d'horreur, les maris se

EL FENÓMENO FUTURO

Un cielo pálido, sobre el mundo que se acaba de tan decrépito, se irá, quizás, con las nubes: los jirones de la púrpura gastada de los ocasos destiñen en un río que duerme en el horizonte anegado de rayos y de agua. Los árboles se aburren y, bajo sus copas blanqueadas (por el polvo del tiempo más que por el de los caminos), se alza la casa de lona del Presentador de cosas Pasadas: numerosos faroles esperan el crepúsculo y reaniman los rostros de una desdichada multitud, vencida por la enfermedad inmortal y el pecado de los siglos, de hombres acompañados por sus raquíticas cómplices encintas de los frutos miserables con los que perecerá la tierra. En el silencio inquieto de todos los ojos que suplican allá lejos al sol, que, bajo el agua, se hunde con la desesperación de un grito, se oye el sencillo pregón: "Ningún cartel los agasaja a ustedes con el espectáculo interior, porque no existe hoy en día un pintor capaz de dar del mismo ni una sombra triste. Yo les traigo, viva (y preservada a lo largo del tiempo por la ciencia soberana), una Mujer de antaño. Cierta locura original e ingenua, un éxtasis de oro, ¡qué sé yo!, que ella llama su cabellera, envuelve con la gracia de las telas un rostro iluminado por la desnudez sangrante de los labios. En lugar del vestido vano, tiene un cuerpo; y los ojos, semejantes a las gemas raras, no valen lo que la mirada que sale de su carne feliz: de los pechos levantados como si estuvieran llenos de una leche eterna, con la punta hacia el cielo, a las piernas lisas que conservan la sal del mar primigenio". Acordán-

pressent : elles aussi par curiosité, mélancoliques, veulent voir.

Quand tous auront contemplé la noble créature, vestige de quelque époque déjà maudite, les uns indifférents, car ils n'auront pas eu la force de comprendre, mais d'autres navrés et la paupière humide de larmes résignées se regarderont ; tandis que les poètes de ces temps, sentant se rallumer leurs yeux éteints, s'achemineront vers leur lampe, le cerveau ivre un instant d'une gloire confuse, hantés du Rythme et dans l'oubli d'exister à une époque qui survit à la beauté.

dose de sus pobres esposas, calvas, mórbidas y llenas de horror, los maridos se apiñan: ellas también, melancólicas por curiosidad, quieren ver.

Cuando todos hayan contemplado a la noble mujer, vestigio de alguna época ya maldita, unos con indiferencia, porque no habrán tenido fuerza para comprender, pero otros desolados y con los párpados húmedos de lágrimas resignadas, se mirarán entre sí; mientras que los poetas de esos tiempos, sintiendo que se vuelven a encender sus ojos apagados, se dirigirán hacia su lámpara, ebrio por un instante el cerebro de una gloria confusa, poseídos por el Ritmo y olvidados de que existen en una época que sobrevive a la belleza.

PLAINTE D'AUTOMNE

Depuis que Maria m'a quitté pour aller dans une autre étoile — laquelle, Orion, Altaïr, et toi, verte Vénus ? — j'ai toujours chéri la solitude. Que de longues journées j'ai passées seul avec mon chat. Par *seul*, j'entends sans un être matériel et mon chat est un compagnon mystique, un esprit. Je puis donc dire que j'ai passé de longues journées seul avec mon chat, et seul, avec un des derniers auteurs de la décadence latine ; car depuis que la blanche créature n'est plus, étrangement et singulièrement j'ai aimé tout ce qui se résumait en ce mot : chute. Ainsi, dans l'année, ma saison favorite, ce sont les derniers jours alanguis de l'été, qui précèdent immédiatement l'automne et, dans la journée, l'heure où je me promène est quand le soleil se repose avant de s'évanouir, avec des rayons de cuivre jaune sur les murs gris et de cuivre rouge sur les carreaux. De même la littérature à laquelle mon esprit demande une volupté sera la poésie agonisante des derniers moments de Rome, tant, cependant, qu'elle ne respire aucunement l'approche rajeunissante des Barbares et ne bégaie point le latin enfantin des premières proses chrétiennes.

Je lisais donc un de ces chers poèmes (dont les plaques de fard ont plus de charme sur moi que l'incarnat de la jeunesse) et plongeais une main dans la fourrure du pur animal, quand un orgue de Barbarie chanta languissamment et mélancoliquement sous ma fenêtre. Il jouait dans la grande allée des peupliers dont

QUEJA OTOÑAL

Desde que María me dejó para irse a otra estrella —¿cuál: Orión, Altair, y tú, verde Venus?—, siempre he amado la soledad. Cuántos largos días he pasado solo con mi gato. Por *solo* entiendo sin un ser material, y mi gato es un compañero místico, un espíritu. Puedo decir, por tanto, que he pasado largos días solo con mi gato, y solo con uno de los últimos autores de la decadencia latina; ya que de manera extraña y singular, desde que la blanca mujer no está más, he amado todo lo que se resume en esta palabra: caída. Así, en el año, mi estación favorita son los últimos días lánguidos del verano, que preceden inmediatamente al otoño, y, en el día, la hora en que me paseo es cuando el sol descansa antes de desvanecerse, con rayos de cobre amarillo en las paredes grises y de cobre rojo en los cristales de las ventanas. De igual modo, la literatura a la que mi espíritu solicita un goce será la poesía agonizante de los últimos momentos de Roma, siempre y cuando, empero, no trasunte en nada la llegada rejuvenecedora de los bárbaros y no balbucee el latín infantil de las primeras prosas cristianas.

Yo estaba leyendo, pues, uno de esos queridos poemas (cuyas capas de maquillaje me seducen más que la carnación de la juventud) mientras hundía una mano en el pelaje del puro animal, cuando, lánguido y melancólico, cantó un organito debajo de mi ventana. Tocaba en la gran avenida de álamos cuyas hojas me parecen sombrías incluso en primavera, desde que María pasó con cirios,

les feuilles me paraissent mornes même au printemps, depuis que Maria a passé là avec des cierges, une dernière fois. L'instrument des tristes, oui, vraiment : le piano scintille, le violon donne aux fibres déchirées la lumière, mais l'orgue de Barbarie, dans le crépuscule du souvenir, m'a fait désespérément rêver. Maintenant qu'il murmurait un air joyeusement vulgaire et qui mit la gaîté au cœur des faubourgs, un air suranné, banal : d'où vient que sa ritournelle m'allait à l'âme et me faisait pleurer comme une ballade romantique ? Je la savourai lentement et je ne lançai pas un sou par la fenêtre de peur de me déranger et de m'apercevoir que l'instrument ne chantait pas seul.

allí, por última vez. El instrumento de los tristes, sí, realmente: el piano brilla, el violín les da luz a las fibras desgarradas, pero el organito, en el crepúsculo del recuerdo, me hizo desesperadamente soñar. Ahora que murmuraba una melodía alegremente vulgar y que llenó de alegría el corazón de los suburbios, una melodía anticuada, banal: ¿por qué motivo su cantilena me llegaba al alma y me hacía llorar como una balada romántica? La paladeé despacio y no tiré una moneda por la ventana de miedo a levantarme y descubrir que el instrumento no estaba cantando solo.

FRISSON D'HIVER

Cette pendule de Saxe, qui retarde et sonne treize heures parmi ses fleurs et ses dieux, à qui a-t-elle été ? Pense qu'elle est venue de Saxe par les longues diligences d'autrefois.

(De singulières ombres pendent aux vitres usées.)

Et ta glace de Venise, profonde comme une froide fontaine, en un rivage de guivres dédorées, qui s'y est miré ? Ah ! je suis sûr que plus d'une femme a baigné dans cette eau le péché de sa beauté ; et peut-être verrais-je un fantôme nu si je regardais longtemps.

— Vilain, tu dis souvent de méchantes choses.

(Je vois des toiles d'araignées au haut des grandes croisées.)

Notre bahut encore est très vieux : contemple comme ce feu rougit son triste bois ; les rideaux amortis ont son âge, et la tapisserie des fauteuils dénués de fard, et les anciennes gravures des murs, et toutes nos vieilleries ? Est-ce qu'il ne te semble pas, même, que les bengalis et l'oiseau bleu ont déteint avec le temps ?

(Ne songe pas aux toiles d'araignées qui tremblent au haut des grandes croisées.)

TEMBLOR INVERNAL

Ese reloj de porcelana de Dresde, que atrasa y da las trece entre sus flores y sus dioses, ¿a quién habrá pertenecido? Piensa que vino de Dresde en las lentas diligencias de antaño.

(Sombras singulares cuelgan de los cristales gastados).

Y tu espejo de Venecia, profundo como una fría fuente, en una playa de sierpes desdoradas, ¿a quién reflejó? ¡Ah!, estoy seguro de que más de una mujer bañó en esa agua el pecado de su belleza; y yo podría ver quizás un fantasma desnudo si mirase mucho tiempo.

—¡Bribón!, a menudo dices cosas malvadas.

(Veo telas de araña en lo alto de los ventanales).

También nuestro bargueño es muy viejo: mira cómo ese fuego enrojece su triste madera; las cortinas atenuadas tienen su misma edad, ¿y el tapizado de los sillones desprovistos de carmín, y los viejos grabados de las paredes, y todas nuestras antiguallas? ¿No te parece, incluso, que los bengalíes y el pájaro azul se han desteñido con el tiempo?

(No pienses en las telas de araña que tiemblan en lo alto de los ventanales).

Tu aimes tout cela et voilà pourquoi je puis vivre auprès de toi. N'as-tu pas désiré, ma sœur au regard de jadis, qu'en un de mes poèmes apparussent ces mots « la grâce des choses fanées » ? Les objets neufs te déplaisent ; à toi aussi, ils font peur avec leur hardiesse criarde, et tu te sentirais le besoin de les user, ce qui est bien difficile à faire pour ceux qui ne goûtent pas l'action.

Viens, ferme ton vieil almanach allemand, que tu lis avec attention, bien qu'il ait paru il y a plus de cent ans et que les rois qu'il annonce soient tous morts, et, sur l'antique tapis couché, la tête appuyée parmi tes genoux charitables dans ta robe pâlie, ô calme enfant, je te parlerai pendant des heures ; il n'y a plus de champs et les rues sont vides, je te parlerai de nos meubles... Tu es distraite ?

(Ces toiles d'araignées grelottent au haut des grandes croisées.)

Tú amas todo eso y tal es la razón por la que puedo vivir junto a ti. ¿No has deseado, hermana mía de mirada de otros tiempos, que en uno de mis poemas apareciesen estas palabras: "la gracia de las cosas desvaídas"? Los objetos nuevos te desagradan; también a ti te dan miedo con su descaro chillón, y te sentirías en la necesidad de gastarlos, algo muy difícil de hacer para aquéllos a los que no les gusta la acción.

Ven, cierra tu viejo almanaque alemán, que lees con atención, aunque haya sido publicado hace más de cien años y los reyes que anuncia estén todos muertos, y, acostado en la antigua alfombra, con la cabeza apoyada entre tus rodillas caritativas cubiertas por tu vestido palidecido, oh niña serena, yo te hablaré durante horas; ya no hay campos y las calles están vacías, te hablaré de nuestros muebles... ¿Estás distraída?

(Esas telas de araña tiritan en lo alto de los ventanales).

LE DÉMON DE L'ANALOGIE

Des paroles inconnues chantèrent-elles sur vos lèvres, lambeaux maudits d'une phrase absurde ?

Je sortis de mon appartement avec la sensation propre d'une aile glissant sur les cordes d'un instrument, traînante et légère, que remplaça une voix prononçant les mots sur un ton descendant: « La Pénultième est morte », de façon que

La Pénultième

finit le vers et

Est morte

se détacha de la suspension fatidique plus inutilement en le vide de signification. Je fis des pas dans la rue et reconnus en le son *nul* la corde tendue de l'instrument de musique, qui était oublié et que le glorieux Souvenir certainement venait de visiter de son aile ou d'une palme et, le doigt sur l'artifice du mystère, je souris et implorai de vœux intellectuels une spéculation différente. La phrase revint, virtuelle, dégagée d'une chute antérieure de plume ou de rameau, dorénavant à travers la voix entendue, jusqu'à ce qu'enfin elle s'articula seule, vivant de sa personnalité. J'allais (ne me contentant plus d'une perception) la lisant en fin de vers, et, une fois, comme un essai, l'adaptant à mon parler ; bientôt la prononçant avec un silence après

EL DEMONIO DE LA ANALOGÍA

¿Cantaron en tus labios palabras desconocidas, jirones malditos de una frase absurda?

Salí de mi casa con la sensación propia de un ala que se desliza sobre las cuerdas de un instrumento, despaciosa y ligera, reemplazada luego por una voz que pronunció las palabras en tono descendiente: "La penúltima ha muerto", de modo que

La Penúltima

terminó el verso y

Ha muerto

se desprendió de la suspensión fatídica más inútilmente en el vacío de significado. Di unos pasos en la calle y reconocí en el sonido *núl* la cuerda tensa del instrumento de música, que había quedado olvidado y que el glorioso Recuerdo ciertamente acababa de rozar con su ala o con una palma y, puesto el dedo en el artificio del misterio, sonreí e imploré con deseos intelectuales una especulación diferente. La frase volvió, virtual, desprendida de una caída anterior de pluma o de rama, ahora a través de la voz oída, hasta que finalmente se articuló sola, viviendo de su propia personalidad. Yo (sin contentarme ya con una percepción) iba leyéndola como final de verso y, una vez, a manera de ensayo, adaptándola a mi forma de hablar; y

« Pénultième » dans lequel je trouvais une pénible jouissance : « La Pénultième » puis la corde de l'instrument, si tendue en l'oubli sur le son *nul*, cassait sans doute et j'ajoutais en manière d'oraison : « Est morte ». Je ne discontinuai pas de tenter un retour à des pensées de prédilection, alléguant, pour me calmer, que, certes, pénultième est le terme du lexique qui signifie l'avant-dernière syllabe des vocables, et son apparition, le reste mal abjuré d'un labeur de linguistique par lequel quotidiennement sanglote de s'interrompre ma noble faculté poétique : la sonorité même et l'air de mensonge assumé par la hâte de la facile affirmation étaient une cause de tourment. Harcelé, je résolus de laisser les mots de triste nature errer eux-mêmes sur ma bouche, et j'allai murmurant avec l'intonation susceptible de condoléance : « La Pénultième est morte, elle est morte, bien morte, la désespérée Pénultième », croyant par là satisfaire l'inquiétude, et non sans le secret espoir de l'ensevelir en l'amplification de la psalmodie quand, effroi ! — d'une magie aisément déductible et nerveuse — je sentis que j'avais, ma main réfléchie par un vitrage de boutique y faisant le geste d'une caresse qui descend sur quelque chose, la voix même (la première, qui indubitablement avait été l'unique).

Mais où s'installe l'irrécusable intervention du surnaturel, et le commencement de l'angoisse sous laquelle agonise mon esprit naguère seigneur c'est quand je vis, levant les yeux, dans la rue des antiquaires instinctivement suivie, que j'étais devant la boutique d'un luthier vendeur de vieux instruments pendus au mur, et, à terre, des palmes jaunes et les ailes enfouies en l'ombre, d'oiseaux anciens. Je m'enfuis, bizarre, personne condamnée à porter probablement le deuil de l'inexplicable Pénultième.

pronto pronunciándola con un silencio después de "Penúltima" que me producía un penoso disfrute: "La Penúltima", luego la cuerda del instrumento, tan tensa en el olvido sobre el sonido *núl*, se rompía quizás y yo añadía a modo de oración: "Ha muerto". No cesé de intentar un regreso a pensamientos de predilección, alegando, para calmarme, que, por cierto, penúltima es el término del léxico que significa la anteúltima sílaba de los vocablos, y su aparición, el resto imperfectamente abandonado de una tarea de lingüística debido a la cual mi noble facultad poética cotidianamente solloza por verse interrumpida: la sonoridad misma y el aire de mentira asumidos por la premura de la fácil afirmación eran una causa de tormento. Acosado, resolví dejar que las palabras de triste naturaleza erraran ellas mismas sobre mi boca, y avancé murmurando con la entonación susceptible de condolencia: "La Penúltima ha muerto, está muerta, bien muerta, la desesperada Penúltima", creyendo así satisfacer la inquietud, y no sin la secreta esperanza de sepultarla en la amplificación de la salmodia, cuando, ¡horror! —por una magia fácilmente deductible y nerviosa— sentí que tenía, mientras mi mano reflejada por los cristales de una tienda hacía en ellos el gesto de una caricia que desciende sobre algo, la voz misma (la primera, que indudablemente había sido la única).

Pero el momento en que se instaló la irrecusable intervención de lo sobrenatural, y el comienzo de la angustia bajo la que agonizó mi espíritu poco antes amo y señor, fue cuando vi, alzando los ojos, en la calle de los anticuarios por la que había seguido instintivamente, que me encontraba delante de la tienda de un lutier vendedor de viejos instrumentos colgados de la pared, y, en el suelo, palmas amarillas y las alas, sumidas en la sombra, de antiguos pájaros. Salí huyendo, extraño individuo condenado a llevar probablemente luto por la inexplicable Penúltima.

PAUVRE ENFANT PÂLE

Pauvre enfant pâle, pourquoi crier à tue-tête dans la rue ta chanson aiguë et insolente, qui se perd parmi les chats, seigneurs des toits ? car elle ne traversera pas les volets des premiers étages, derrière lesquels tu ignores de lourds rideaux de soie incarnadine.

Cependant tu chantes fatalement, avec l'assurance tenace d'un petit homme qui s'en va seul par la vie et, ne comptant sur personne, travaille pour soi. As-tu jamais eu un père ? Tu n'as pas même une vieille qui te fasse oublier la faim en te battant, quand tu rentres sans un sou.

Mais tu travailles pour toi : debout dans les rues, couvert de vêtements déteints faits comme ceux d'un homme, une maigreur prématurée et trop grand à ton âge, tu chantes pour manger, avec acharnement, sans abaisser tes yeux méchants vers les autres enfants jouant sur le pavé.

Et ta complainte est si haute, si haute, que ta tête nue qui se lève en l'air à mesure que ta voix monte, semble vouloir partir de tes petites épaules.

Petit homme, qui sait si elle ne s'en ira pas un jour, quand, après avoir crié longtemps dans les villes, tu auras fait un crime ? un crime n'est pas bien difficile à faire, va, il suffit d'avoir du courage après le désir, et tels qui... Ta petite figure est énergique.

POBRE NIÑO PÁLIDO

Pobre niño pálido, ¿por qué gritas a voz en cuello en la calle tu canción aguda e insolente, que se pierde entre los gatos, señores de los tejados?, puesto que no atravesará los postigos de los primeros pisos, detrás de los cuales tú ignoras pesadas cortinas de seda encarnadina.

Cantas fatalmente, sin embargo, con la tenaz seguridad de un hombrecito que va solo por la vida y que, como no cuenta con la ayuda de nadie, trabaja para sí mismo. ¿Has tenido un padre alguna vez? Ni siquiera tienes una anciana que te haga olvidar el hambre pegándote cuando vuelves sin un céntimo.

Pero tú trabajas para ti mismo: de pie en las calles, cubierto de ropas desteñidas hechas como las de un hombre, prematuramente flaco y demasiado alto para tu edad, cantas para comer, con empecinamiento, sin bajar tu mirada malvada sobre los demás niños que juegan en la calle.

Y tu canción triste suena tan alto, tan alto, que tu cabeza desnuda, que se alza en el aire a medida que sube tu voz, parece querer separarse de tus pequeños hombros.

Hombrecito, ¿quién sabe si un día no se irá, cuando, después de haber gritado mucho tiempo en las ciudades, hayas cometido un crimen? Un crimen, vamos, no es muy difícil de cometer, basta con tener coraje después

Pas un sou ne descend dans le panier d'osier que tient ta longue main pendue sans espoir sur ton pantalon : on te rendra mauvais et un jour tu commettras un crime.

Ta tête se dresse toujours et veut te quitter, comme si d'avance elle savait, pendant que tu chantes d'un air qui devient menaçant.

Elle te dira adieu quand tu paieras pour moi, pour ceux qui valent moins que moi. Tu vins probablement au monde vers cela et tu jeûnes dès maintenant, nous te verrons dans les journaux.

Oh ! pauvre petite tête !

del deseo, y hay algunas personas que... Tu carita es enérgica.

Ni un céntimo cae en la canasta de mimbre sostenida por tu larga mano que cuelga sin esperanza sobre tu pantalón: harán que te vuelvas malo y un día cometerás un crimen.

Tu cabeza sigue erguida y quiere dejarte, como si supiera de antemano, mientras tú cantas con un aire que se vuelve amenazador.

Te dirá adiós cuando pagues por mí, por quienes valen menos que yo. Probablemente viniste al mundo para llegar a eso y ya desde ahora ayunas, te veremos en los diarios.

¡Oh, pobre cabecita!

LA PIPE

Hier, j'ai trouvé ma pipe en rêvant une longue soirée de travail, de beau travail d'hiver. Jetées les cigarettes avec toutes les joies enfantines de l'été dans le passé qu'illuminent les feuilles bleues de soleil, les mousselines et reprise ma grave pipe par un homme sérieux qui veut fumer longtemps sans se déranger, afin de mieux travailler : mais je ne m'attendais pas à la surprise que préparait cette délaissée, à peine eus-je tiré la première bouffée, j'oubliai mes grands livres à faire, émerveillé, attendri, je respirai l'hiver dernier qui revenait. Je n'avais pas touché à la fidèle amie depuis ma rentrée en France, et tout Londres, Londres tel que je le vécus en entier à moi seul, il y a un an, est apparu ; d'abord les chers brouillards qui emmitouflent nos cervelles et ont, là-bas, une odeur à eux, quand ils pénètrent sous la croisée. Mon tabac sentait une chambre sombre aux meubles de cuir saupoudrés par la poussière du charbon sur lesquels se roulait le maigre chat noir ; les grands feux ! et la bonne aux bras rouges versant les charbons, et le bruit de ces charbons tombant du seau de tôle dans la corbeille de fer, le matin — alors que le facteur frappait le double coup solennel, qui me faisait vivre ! J'ai revu par les fenêtres ces arbres malades du square désert —j'ai vu le large, si souvent traversé cet hiver-là, grelottant sur le pont du steamer mouillé de bruine et noirci de fumée — avec ma pauvre bien-aimée errante, en habits de voyageuse, une longue robe terne couleur de la poussière des routes, un manteau qui collait humide à ses épaules

LA PIPA

Ayer encontré mi pipa mientras pensaba en una larga tarde de trabajo, de hermoso trabajo invernal. Tiré los cigarrillos, con todas las alegrías infantiles del verano, en el pasado que iluminan las hojas azuladas por el sol, las muselinas, y retomé mi grave pipa, como un hombre serio que quiere fumar mucho tiempo sin levantarse, para trabajar mejor; pero no me esperaba la sorpresa que preparaba esa abandonada: en cuanto hube chupado la primera bocanada, me olvidé de mis grandes libros por hacer, maravillado, enternecido, respiré el invierno pasado que volvía. Yo no había puesto las manos en la fiel amiga desde mi regreso a Francia, y todo Londres, Londres tal como lo viví por entero y para mí solo, hace un año, apareció; primero, las queridas neblinas que envuelven nuestros cerebros y tienen, allá, un olor propio, cuando penetran por debajo de la ventana. Mi tabaco olía a habitación oscura con muebles de cuero cubiertos por el polvo del carbón sobre los cuales se hacía un ovillo el flaco gato negro; ¡el fuego en la chimenea!, ¡y la criada de brazos colorados que volcaba los carbones, y el ruido de esos carbones al caer del balde de chapa en la cesta de hierro, por la mañana —en el momento en que el cartero daba el doble golpe solemne que me hacía vivir! Volví a ver por las ventanas aquellos árboles enfermos de la plaza desierta —vi el mar abierto, que tan a menudo crucé aquel invierno, tiritando sobre la cubierta del vapor mojada por la llovizna y ennegrecida por el humo —con mi pobre amada errante, enfundada en ro-

froides, un de ces chapeaux de paille sans plume et presque sans rubans, que les riches dames jettent en arrivant, tant ils sont déchiquetés par l'air de la mer et que les pauvres bien-aimées regarnissent pour bien des saisons encore. Autour de son cou s'enroulait le terrible mouchoir qu'on agite en se disant adieu pour toujours

pas de viaje, un largo vestido del apagado color del polvo de los caminos, un abrigo que se le pegaba húmedo a los hombros fríos, uno de esos sombreros de paja sin pluma y casi sin cintas que las señoras ricas tiran al llegar, de tan deshechos que quedan con el aire del mar, y que las amadas pobres remiendan para que duren aún muchas temporadas. Alrededor del cuello llevaba enrollado el terrible pañuelo que agitamos cuando nos despedimos para siempre.

UN SPECTACLE INTERROMPU

Que la civilisation est loin de procurer les jouissances attribuables à cet état ! on doit par exemple s'étonner qu'une association entre les rêveurs, y séjournant, n'existe pas, dans toute grande ville, pour subvenir à un journal qui remarque les événements sous le jour propre au rêve. Artifice que la *réalité*, bon à fixer l'intellect moyen entre les mirages d'un fait ; mais elle repose par cela même sur quelque universelle entente : voyons donc s'il n'est pas, dans l'idéal, un aspect nécessaire, évident, simple, qui serve de type. Je veux, en vue de moi seul, écrire comme elle frappa mon regard de poète, telle Anecdote, avant que la divulguent *des reporters* par la foule dressés à assigner à chaque chose son caractère commun.

Le petit théâtre des PRODIGALITÉS adjoint l'exhibition d'un vivant cousin d'Atta Troll ou de Martin à sa féerie classique *la Bête et le Génie* ; j'avais, pour reconnaître l'invitation du billet double hier égaré chez moi, posé mon chapeau dans la stalle vacante à mes côtés, une absence d'ami y témoignait du goût général à esquiver ce naïf spectacle. Que se passait-il devant moi ? rien, sauf que : de pâleurs évasives de mousseline se réfugiant sur vingt piédestaux en architecture de Bagdad, sortaient un sourire et des bras ouverts à la lourdeur triste de l'ours : tandis que le héros, de ces sylphides évocateur et leur gardien, un clown, dans sa haute nudité d'argent, raillait l'animal par notre supériorité. Jouir comme la foule du mythe inclus dans toute banalité, quel repos et, sans

UN ESPECTÁCULO INTERRUMPIDO

¡Qué lejos está la civilización de proporcionar los goces atribuibles a tal estado! Debe extrañarnos, por ejemplo, que en toda gran ciudad no exista una asociación de los soñadores que viven en ella para subvencionar un periódico que destaque los acontecimientos con la luz propia del sueño. Es un artificio la *realidad*, útil para fijar el intelecto medio entre los espejismos de un hecho; pero por esto mismo se basa en algún acuerdo universal: veamos pues si no existe, en lo ideal, un aspecto necesario, evidente, simple, que sirva de modelo. Quiero, sólo para mí, escribir cómo impresionó mi mirada de poeta cierta Anécdota, antes de que la divulguen *reporteros* por la multitud entrenados para asignarle a cada cosa su carácter común.

El teatrito de las PRODIGALIDADES adjunta la exhibición de un primo viviente de Atta Troll o de Martín[1] a su comedia fantástica clásica *La Bestia y el Genio*; en reconocimiento a la invitación de la entrada para dos que había perdido el día anterior en mi casa, yo había posado mi sombrero en el asiento libre que estaba a mi lado, donde una ausencia de amigo daba testimonio del gusto general por esquivar ese ingenuo espectáculo. ¿Qué estaba sucediendo frente a mí? Nada, salvo que: de unas evasivas palideces de muselina que se refugiaban sobre veinte pedestales de arquitectura de Bagdad, salían una sonrisa y brazos que se abrían en dirección a la torpeza triste del oso: mientras que el héroe, de esas sílfides evocador y guardián suyo, un payaso, en su alta desnudez de

voisins où verser des réflexions, voir l'ordinaire et splendide veille trouvée à la rampe par ma recherche assoupie d'imaginations ou de symboles. Étranger à mainte réminiscence de pareilles soirées, l'accident le plus neuf ! suscita mon attention : une des nombreuses salves d'applaudissements décernés selon l'enthousiasme à l'illustration sur la scène du privilège authentique de l'Homme, venait, brisée par quoi ? de cesser net, avec un fixe fracas de gloire à l'apogée, inhabile à se répandre. Tout oreilles, il fallut être tout yeux. Au geste du pantin, une paume crispée dans l'air ouvrant les cinq doigts, je compris, qu'il avait, l'ingénieux ! capté les sympathies par la mine d'attraper au vol quelque chose, figure (et c'est tout) de la facilité dont est par chacun prise une idée : et qu'ému au léger vent, l'ours rythmiquement et doucement levé interrogeait cet exploit, une griffe posée sur les rubans de l'épaule humaine. Personne qui ne haletât, tant cette situation portait de conséquences graves pour l'honneur de la race : qu'allait-il arriver ? L'autre patte s'abattit, souple, contre un bras longeant le maillot ; et l'on vit, couple uni dans un secret rapprochement, comme un homme inférieur, trapu, bon, debout sur l'écartement de deux jambes de poil, étreindre pour y apprendre les pratiques du génie, et son crâne au noir museau ne l'atteignant qu'à la moitié, le buste de son frère brillant et surnaturel : mais qui, lui ! exhaussait, la bouche folle de vague, un chef affreux remuant par un fil visible dans l'horreur les dénégations véritables d'une mouche de papier et d'or. Spectacle clair, plus que les tréteaux vaste, avec ce don, propre à l'art, de durer longtemps : pour le parfaire je laissai, sans que m'offusquât l'attitude probablement fatale prise par le mime dépositaire de notre orgueil, jaillir tacitement le discours interdit au rejeton des sites arctiques : « Sois bon (c'était le sens), et plutôt que de manquer à la charité, explique-moi la vertu de cette atmosphère de splendeur, de poussière et de voix, où tu m'appris à me

plata, se burlaba del animal mostrándole nuestra superioridad. Disfrutar como la multitud con el mito incluido en toda banalidad, qué descanso, y, sin vecinos a quienes comunicarles reflexiones, ver la común y espléndida vigilia que halló en las candilejas mi búsqueda adormecida por imaginaciones o símbolos. Ajeno a muchas reminiscencias de veladas similares, atrajo mi atención ¡el accidente más inédito!: una de las numerosas salvas de aplausos otorgadas conforme al entusiasmo a la ilustración en el escenario del privilegio auténtico del Hombre, acababa de cesar de golpe, ¿interrumpida por qué cosa?, con un fijo estrépito de gloria en su apogeo, incapaz de difundirse. Ya todo oídos, hizo falta ser todo ojos. Al ver el gesto del fantoche, una palma crispada en el aire con los cinco dedos extendidos, comprendí que había captado, ¡qué ingenioso!, las simpatías con su apariencia de cazar algo al vuelo, figura (y eso es todo) de la facilidad con la que cualquiera atrapa una idea: y que, provocado por el ligero viento, el oso, que se había erguido rítmica y suavemente, interrogaba aquella hazaña, con una zarpa posada en las cintas del hombro humano. No hubo nadie que no jadease, hasta tal punto aquella situación implicaba consecuencias graves para el honor de la raza: ¿qué iba a suceder? La otra pata se abatió, floja, sobre un brazo que pendía a lo largo de la malla; y se vio (pareja unida en un secreto acercamiento) algo así como un hombre inferior, retacón, bueno, de pie sobre dos patas peludas abiertas, que abrazó, para aprender en él las prácticas del genio, y con su cráneo de negro hocico que sólo le llegaba a la mitad, el busto de su hermano brillante y sobrenatural: pero que, ¡él!, alzaba, con la boca loca de vaguedad, una cabeza espantosa que movía mediante un hilo visible en el horror las denegaciones auténticas de una mosca de papel y de oro. Espectáculo claro, más vasto que el escenario, con ese don, propio del arte, de durar mucho tiempo: para perfeccionarlo, dejé brotar tácitamente, sin que me

mouvoir. Ma requête, pressante, est juste, que tu ne sembles pas, en une angoisse qui n'est que feinte, répondre ne savoir, élancé aux régions de la sagesse, aîné subtil ! à moi, pour te faire libre, vêtu encore du séjour informe des cavernes où je replongeai, dans la nuit d'époques humbles ma force latente. Authentiquons, par cette embrassade étroite, devant la multitude siégeant à cette fin, le pacte de notre réconciliation. » L'absence d'aucun souffle unie à l'espace, dans quel lieu absolu vivais-je, un des drames de l'histoire astrale élisant, pour s'y produire, ce modeste théâtre ! La foule s'effaçait, toute, en l'emblème de sa situation spirituelle magnifiant la scène : dispensateur moderne de l'extase, seul, avec l'impartialité d'une chose élémentaire, le gaz, dans les hauteurs de la salle, continuait un bruit lumineux d'attente.

Le charme se rompit : c'est quand un morceau de chair, nu, brutal, traversa ma vision dirigé de l'intervalle des décors, en avance de quelques instants sur la récompense, mystérieuse d'ordinaire après ces représentations. Loque substituée saignant auprès de l'ours qui, ses instincts retrouvés antérieurement à une curiosité plus haute dont le dotait le rayonnement théâtral, retomba à quatre pattes et, comme emportant parmi soi le Silence, alla de la marche étouffée de l'espèce, flairer, pour y appliquer les dents, cette proie. Un soupir, exempt presque de déception, soulagea incompréhensiblement l'assemblée : dont les lorgnettes, par rangs, cherchèrent, allumant la netteté de leurs verres, le jeu du splendide imbécile évaporé dans sa peur ; mais virent un repas abject préféré peut-être par l'animal à la même chose qu'il lui eût fallu d'abord faire de *notre image*, pour y goûter. La toile, hésitant jusque-là à accroître le danger ou l'émotion, abattit subitement son journal de tarifs et de lieux communs. Je me levai comme tout le monde, pour aller respirer au dehors, étonné de n'avoir pas senti,

ofuscase la actitud acaso fatal adoptada por el mimo depositario de nuestro orgullo, el discurso vedado al vástago de las regiones árticas: "Sé bueno (éste era el sentido) y, en vez de faltar a la caridad, explícame la virtud de esta atmósfera de esplendor, de polvo y de voces, en la que me enseñaste a moverme. Justo es mi pedido, apremiante, que tú, en una angustia que sólo es fingida, no parece que sepas responderme, lanzado hasta las regiones de la sabiduría, ¡sutil hermano mayor!, para hacerte libre, vestido aún con la vida informe de las cavernas, donde volví a hundir, en la noche de épocas humildes, mi fuerza latente. Validemos, mediante este abrazo estrecho, delante de la multitud presente con este fin, el pacto de nuestra reconciliación". ¡La ausencia de toda respiración unida al espacio, en qué lugar absoluto vivía yo, siendo que uno de los dramas de la historia astral había elegido, para producirse, aquel modesto teatro! El gentío se eclipsaba, por entero, en el emblema de su situación espiritual que magnificaba la escena: dispensador moderno del éxtasis, sólo el gas, con la imparcialidad de una cosa elemental, continuaba haciendo en las alturas de la sala un ruido luminoso de espera.

El sortilegio se rompió: fue cuando un trozo de carne, desnudo, brutal, atravesó mi campo visual, dirigido desde el intervalo de los decorados, adelantándose unos instantes a la recompensa, misteriosa por lo común, que sigue a tales espectáculos. Jirón puesto en reemplazo, sangrante, junto al oso que, recuperados sus instintos anteriores a una curiosidad más alta de que lo dotaba el esplendor teatral, volvió a caer en cuatro patas y, como llevándose con él el Silencio, se fue con el paso apagado de la especie a olfatear, para hincarle los dientes, aquella presa. Un suspiro, exento casi de decepción, alivió incomprensiblemente a la asamblea: cuyos gemelos, por filas, buscaron, encendiendo la nitidez de sus lentes, la actuación del espléndido imbécil, que se había evaporado

cette fois encore, le même genre d'impression que mes semblables, mais serein : car ma façon de voir, après tout, avait été supérieure, et même la vraie.

en su miedo; pero vieron una comida abyecta preferida quizás por el animal a lo mismo que primero hubiera debido hacer con *nuestra imagen,* para probarla. El telón, dudando hasta ese momento en aumentar el peligro o la emoción, dejó caer súbitamente su cartelera de tarifas y lugares comunes. Me levanté como todos, para ir a respirar afuera, asombrado por no haber sentido, tampoco esta vez, la misma clase de impresión que mis semejantes, pero sereno: ya que mi manera de ver, después de todo, había sido superior, e incluso la verdadera.

RÉMINISCENCE

Orphelin, j'errais en noir et l'œil vacant de famille : au quinconce se déplièrent des tentes de fête, éprouvai-je le futur et que je serais ainsi, j'aimais le parfum des vagabonds, vers eux à oublier mes camarades. Aucun cri de chœurs par la déchirure, ni tirade loin, le drame requérant l'heure sainte des quinquets, je souhaitais de parler avec un môme trop vacillant pour figurer parmi sa race, au bonnet de nuit taillé comme le chaperon de Dante ; qui rentrait en soi, sous l'aspect d'une tartine de fromage mou, déjà la neige des cimes, le lys ou autre blancheur constitutive d'ailes au dedans : je l'eusse prié de m'admettre à son repas supérieur, partagé vite avec quelque aîné fameux jailli contre une proche toile en train des tours de force et banalités alliables au jour. Nu, de pirouetter dans sa prestesse de maillot à mon avis surprenante, lui, qui d'ailleurs commença : « Tes parents ? — Je n'en ai pas. — Allons, si tu savais comme c'est farce, un père... même l'autre semaine que bouda la soupe, il faisait des grimaces aussi belles, quand le maître lançait les claques et les coups de pied. Mon cher ! » et de triompher en élevant à moi la jambe avec aisance glorieuse, « il nous épate, papa, » puis de mordre au régal chaste du très jeune : « Ta maman, tu n'en as pas, peut-être, que tu es seul ? la mienne mange de la filasse et le monde bat des mains. Tu ne sais rien, des parents sont des gens drôles, qui font rire. » La parade s'exaltait, il partit : moi, je soupirai, déçu tout à coup de n'avoir pas de parents.

REMINISCENCIA

Yo, huérfano, iba errante, vestido de negro y con los ojos vacantes de familia: entre los árboles se alzaron tiendas de fiesta, acaso intuía el futuro y que yo sería así, me gustaba el perfume de los vagabundos, hacia ellos a olvidar a mis amigos. Ningún grito de coros por la lona rasgada, ni parlamento a lo lejos, ya que el drama requería la hora santa de los quinqués, yo deseaba hablar con un chico demasiado vacilante para figurar entre los de su raza, con gorro de dormir cortado como la caperuza de Dante; que metía en sí mismo, bajo el aspecto de una rebanada de pan untada de queso blando, ya la nieve de las cimas, el lirio u otra blancura constitutiva de alas por dentro: yo le hubiera rogado que me admitiese en su comida superior, pronto compartida con cierto estupendo hermano mayor surgido junto a una lona cercana en que se realizaban proezas y banalidades compatibles con el día. Desnudo, hizo una pirueta con su, en mi opinión, sorprendente agilidad de malla, por otra parte diciéndome: "¿Tus padres? —No tengo. —Vamos, si supieras lo divertido que es un padre... Incluso la semana pasada, cuando le puso mala cara a la sopa, hacía muecas tan lindas, mientras el patrón daba bofetadas y patadas. ¡Mi buen amigo!", y alzó triunfalmente hacia mí la pierna con gloriosa facilidad, "nos deja pasmados, papá", luego le dio un mordisco al manjar casto del muy joven: "¿Y tu mamá? ¿No tienes, acaso, que estás solo? La mía come estopa y la gente aplaude. No te das idea, los padres son gente graciosa que hace reír". La exhibición alcanzaba su apoteosis, y él se fue: yo suspiré, triste de pronto por no tener padres.

LA DÉCLARATION FORAINE

Le Silence ! il est certain qu'à mon côté, ainsi que songes, étendue dans un bercement de promenade sous les roues assoupissant l'interjection de fleurs, toute femme, et j'en sais une qui voit clair ici, m'exempte de l'effort à proférer un vocable : la complimenter haut de quelque interrogatrice toilette, offre de soi presque à l'homme en faveur de qui s'achève l'après-midi, ne pouvant à l'encontre de tout ce rapprochement fortuit, que suggérer la distance sur ses traits aboutie à une fossette de spirituel sourire. Ainsi ne consent la réalité ; car ce fut impitoyablement, hors du rayon qu'on sentait avec luxe expirer aux vernis du landau, comme une vocifération, parmi trop de tacite félicité pour une tombée de jour sur la banlieue, avec orage, dans tous sens à la fois et sans motif, du rire strident ordinaire des choses et de leur cuivrerie triomphale : au fait, la cacophonie à l'ouïe de quiconque, un instant écarté, plutôt qu'il ne s'y fond, auprès de son idée, reste à vif devant la hantise de l'existence.

« La fête de... » et je ne sais quel rendez-vous suburbain ! nomma l'enfant voiturée dans mes distractions, la voix claire d'aucun ennui ; j'obéis et fis arrêter.

Sans compensation à cette secousse qu'un besoin d'explication figurative plausible pour mes esprits, comme symétriquement s'ordonnent des verres d'illumination peu à peu éclairés en guirlandes et attributs, je décidai, la solitude manquée, de m'enfoncer

LA DECLARACIÓN EN LA FERIA

¡El silencio! Es indudable que a mi lado, al igual que sueños, reclinada en un balancearse de paseo que bajo las ruedas atenúa la interjección de flores, toda mujer, y sé de una que en esto ve claro, me exime del esfuerzo de proferir un vocablo: felicitarla en voz alta por algún interrogador atuendo, casi ofrenda de sí misma para el hombre en favor de quien se acaba la tarde, no pudiendo, contra toda esa conjunción fortuita, más que sugerir la distancia que sobre sus rasgos termina en un hoyuelo de inteligente sonrisa. No lo consiente así la realidad; ya que hubo implacablemente, fuera del rayo de sol que sentíamos con lujo expirar en los barnices del landó, algo así como una vociferación, en medio de un exceso de tácita felicidad para una caída de la tarde en los suburbios, con tormenta, en todos los sentidos a la vez y sin motivo, de la común risa estridente de las cosas y de sus bronces triunfales: en suma, cacofonía a oídos de cualquiera que, apartándose por un instante, no para fundirse con su idea, sino para estar con ella, se queda en carne viva ante la obsesión de la existencia.

"La fiesta de..." ¡y no sé qué lugar de encuentro suburbano!, pronunció la niña transportada en mis distracciones, con la voz clara de todo tedio; obedecí y ordené que nos detuviéramos.

Sin más compensación para esa sacudida que la necesidad de una explicación figurativa que le resultara

même avec bravoure en ce déchaînement exprès et haïssable de tout ce que j'avais naguères fui dans une gracieuse compagnie : prête et ne témoignant de surprise à la modification dans notre programme, du bras ingénu elle s'en repose sur moi, tandis que nous allons parcourir, les yeux sur l'enfilade, l'allée d'ahurissement qui divise en écho du même tapage les foires et permet à la foule d'y renfermer pour un temps l'univers. Subséquemment aux assauts d'un médiocre dévergondage en vue de quoi que ce soit qui détourne notre stagnation amusée par le crépuscule, au fond, bizarre et pourpre, nous retint à l'égal de la nue incendiaire un humain spectacle, poignant : reniée du châssis peinturluré ou de l'inscription en capitales une baraque, apparemment vide.

À qui ce matelas décousu pour improviser ici, comme les voiles dans tous les temps et les temples, l'arcane ! appartînt, sa fréquentation durant le jeûne n'avait pas chez son possesseur excité avant qu'il le déroulât comme le gonfalon d'espoirs en liesse, l'hallucination d'une merveille à montrer (que l'inanité de son famélique cauchemar) ; et pourtant, mû par le caractère frérial d'exception à la misère quotidienne qu'un pré, quand l'institue le mot mystérieux de fête, tient des souliers nombreux y piétinant (en raison de cela point aux profondeurs des vêtements quelque unique velléité du dur sou à sortir à seule fin de se dépenser), lui aussi ! n'importe qui de tout dénué sauf de la notion qu'il y avait lieu pour être un des élus, sinon de vendre, de faire voir, mais quoi, avait cédé à la convocation du bienfaisant rendez-vous. Ou, très prosaïquement, peut-être le rat éduqué à moins que, lui-même, ce mendiant sur l'athlétique vigueur de ses muscles comptât, pour décider l'engouement populaire, faisait défaut, à l'instant précis, comme cela résulte souvent de la mise en demeure de l'homme par les circonstances générales.

plausible a mi mente, tal como simétricamente se ordenan cristales de iluminación que poco a poco se encienden dibujando guirnaldas y símbolos, decidí, frustrada la soledad, sumirme hasta con bravura en aquel desencadenamiento expreso y odioso de todo lo que que yo antes había rehuido en una encantadora compañía: preparada y sin mostrar sorpresa alguna ante la modificación de nuestro programa, se apoya en mí con el brazo ingenuo, mientras vamos a recorrer, con los ojos puestos en las hileras, el camino de aturdimiento que divide las ferias en un eco del mismo alboroto y permite a la multitud encerrar el universo allí por un momento. Subsiguientemente a los asaltos de una mediocre desvergüenza en vistas de cualquier cosa que desviase nuestro estancamiento divertido por el crepúsculo, allá al final, extraño y púrpura, nos retuvo al igual que la nube incendiaria un humano espectáculo, desgarrador: rechazada por el chasis pintarrajeado o por la inscripción en mayúsculas, una barraca, aparentemente vacía.

Fuera quien fuera aquél a quien ese colchón descosido para improvisar allí, como los velos en todos los tiempos y los templos, ¡el arcano!, perteneciese, su frecuentación durante el ayuno no había excitado en su posesor, antes que lo desenrollase como el pendón de esperanzas alborozadas, la alucinación de algo maravilloso que mostrar (salvo la inanidad de su famélica pesadilla); y sin embargo, movido por el carácter fratérnico[2] de excepción a la miseria cotidiana que a un prado, cuando lo instituye la palabra misteriosa de "fiesta", confieren los zapatos numerosos que lo pisotean (por tal razón asoma en las profundidades de las ropas cierta única veleidad de la dura moneda a sacar con el solo fin de prodigarse), ¡él también!, cualquiera, desprovisto de todo salvo de la noción de que para ser uno de los elegidos estaban dadas las condiciones, si no de vender, de dar a ver, pero qué, había cedido a la convocatoria de la bienhechora cita. O,

« Battez la caisse ! » proposa en altesse Madame... seule tu sais Qui, marquant un suranné tambour duquel se levait, les bras décroisés afin de signifier inutile l'approche de son théâtre sans prestige, un vieillard que cette camaraderie avec un instrument de rumeur et d'appel, peut-être, séduisit à son vacant dessein ; puis comme si, de ce que tout de suite on pût, ici, envisager de plus beau, l'énigme, par un bijou fermant la mondaine, en tant qu'à sa gorge le manque de réponse, scintillait la voici engouffrée, à ma surprise de pitre coi devant une halte du public qu'empaume l'éveil des ra et des fla assourdissant mon invariable et obscur pour moi-même d'abord. « Entrez, tout le monde, ce n'est qu'un sou, on le rend à qui n'est pas satisfait de la représentation. » Le nimbe en paillasson dans le remerciement joignant deux paumes séniles vidé, j'en agitai les couleurs, en signal, de loin, et me coiffai, prêt à fendre la masse debout en le secret de ce qu'avait su faire avec ce lieu sans rêve l'initiative d'une contemporaine de nos soirs.

À hauteur du genou, elle émergeait, sur une table, des cent têtes.

Net ainsi qu'un jet égaré d'autre part la dardait électriquement, éclate pour moi ce calcul qu'à défaut de tout, elle, selon que la mode, une fantaisie ou l'humeur du ciel circonstanciaient sa beauté, sans supplément de danse ou de chant, pour la cohue amplement payait l'aumône exigée en faveur d'un quelconque ; et du même trait je comprends — mon devoir en le péril de la subtile exhibition, ou qu'il n'y avait au monde pour conjurer la défection dans les curiosités que de recourir à quelque puissance absolue, comme d'une Métaphore. Vite, dégoiser jusqu'à éclaircissement, sur maintes physionomies, de leur sécurité qui, ne saisissant tout du coup, se rend à

muy prosaicamente, acaso la rata educada (a menos que, él mismo, aquel mendigo confiase en el atlético vigor de sus músculos para provocar el entusiasmo popular) faltaba, en el preciso instante, tal como resulta a menudo de la intimación del hombre por las circunstancias generales.

"¡Toquen el tambor!" propuso, principesca, la Señora... sólo tú sabes Quién, señalando un anticuado tambor del que se alzaba, con los brazos descruzados para significar la inutilidad de acercarse a su teatro sin prestigio, un anciano al que aquella camaradería con un instrumento de ruido y de llamada sedujo, quizás, con su designio vacante; luego, como si, de lo que de inmediato se pudiese aquí prever como más hermoso, el enigma, atando con una joya a la mundana tanto como a su seno la falta de respuesta, ¡destellase!, he aquí que se mete de cabeza, para mi sorpresa de payaso mudo ante un alto del público asido por el despertar de los ra y los taplán que ensordecen mi invariable y oscuro primero-para-mí-mismo. "Pasen todos, sólo cuesta un centavo, se lo devolvemos a quien no quede contento con la función". Vaciado en la agradecida unión de dos palmas seniles el nimbo de paja trenzada, agité sus colores, como seña, de lejos, y me puse el sombrero, listo a hender la masa de pie en el secreto de lo que había sabido hacer con aquel lugar sin sueño la iniciativa de una contemporánea de nuestras noches.

A la altura de la rodilla, aquélla emergía, encima de una mesa, de entre cien cabezas.

Nítido tal como por otra parte un chorro extraviado la asaeteaba eléctricamente, se hace manifiesto para mí este cálculo: que, a falta de todo, ella, según que la moda, una fantasía o el humor del cielo destacasen con precisión su belleza, sin suplemento de danza o de canto, para la mul-

l'évidence, même ardue, impliquée en la parole et consent à échanger son billon contre des présomptions exactes et supérieures, bref, la certitude pour chacun de n'être pas refait.

Un coup d'œil, le dernier, à une chevelure où fume puis éclaire de fastes de jardins le pâlissement du chapeau en crêpe de même ton que la statuaire robe se relevant, avance au spectateur, sur un pied comme le reste hortensia.

Alors :

> *La* chevelure *vol d'une flamme à l'extrême*
> *Occident de désirs pour la tout déployer*
> *Se pose (je dirais mourir un diadème)*
> *Vers le front couronné son ancien foyer*
>
> *Mais* sans *or soupirer que cette vive nue*
> *L'ignition du feu toujours intérieur*
> *Originellement la seule continue*
> *Dans le joyau de l'œil véridique ou rieur*
>
> *Une* nudité *de héros tendre diffame*
> *Celle qui ne mouvant astre ni feux au doigt*
> *Rien qu'à simplifier avec gloire la femme*
> *Accomplit par son chef fulgurante l'exploit*
>
> *De* semer *de rubis le doute qu'elle écorche*
> *Ainsi qu'une joyeuse et tutélaire torche*

Mon aide à la taille de la vivante allégorie qui déjà résignait sa faction, peut-être faute chez moi de faconde ultérieure, afin d'en assoupir l'élan gentiment à terre : « Je vous ferai observer, ajoutai-je, maintenant de plain-pied avec l'entendement des visiteurs, coupant court à leur ébahissement devant ce congé par une affectation de retour à l'authenticité du spectacle, Messieurs et Dames,

titud ampliamente pagaba la limosna exigida en favor de uno cualquiera; y por el mismo impulso comprendo mi peligro en el deber de la sutil exhibición, o que no había en el mundo para conjurar la defección en las curiosidades otro medio que el de recurrir a algún poder oculto, como el de una Metáfora. Pronto, parlotear hasta que se ilumine, en muchas fisonomías, su seguridad, la que, no captándolo todo de una sola vez, se rinde a la evidencia, incluso ardua, implicada en la palabra, y consiente en cambiar sus monedítas por presunciones exactas y superiores, en resumen, la certeza para cada uno de no ser embaucado.

Una ojeada, la última, a una melena en que humea y luego ilumina con fastos de jardines la palidez del sombrero de crêpe del mismo tono que el estatuario vestido que se levanta, anticipo para el espectador, sobre un pie como todo el resto de color hortensia.

Entonces:

> *La melena* vuelo *de una llama al extremo*
> *Occidente de deseos para toda desplegarla*
> *Se posa (yo diría que muere una diadema)*
> *Hacia la frente coronada su antiguo hogar*
>
> *Pero sin suspirar más oro que esta viva nube*
> *La ignición del fuego por siempre interior*
> *Originalmente la única continua*
> *En la joya del ojo verídico o risueño*
>
> *Una desnudez de héroe tierno difama*
> *A la que sin mover astro ni fuego en el dedo*
> *Sólo con simplificar gloriosamente a la mujer*
> *Logra con su cabeza fulgurante la hazaña*
>
> *De sembrar de rubíes la duda a la que tal*
> *Chamusca como alegre y tutelar antorcha.*

que la personne qui a eu l'honneur de se soumettre à votre jugement, ne requiert pour vous communiquer le sens de son charme, un costume ou aucun accessoire usuel de théâtre. Ce naturel s'accommode de l'allusion parfaite que fournit la toilette toujours à l'un des motifs primordiaux de la femme, et suffit, ainsi que votre sympathique approbation m'en convainc. » Un suspens de marque appréciative sauf quelques confondants « Bien sûr ! » ou « C'est cela ! » et « Oui » par les gosiers comme plusieurs bravos prêtés par des paires de mains généreuses, conduisit jusqu'à la sortie sur une vacance d'arbres et de nuit la foule où nous allions nous mêler, n'était l'attente en gants blancs encore d'un enfantin tourlourou qui les rêvait dégourdir à l'estimation d'une jarretière hautaine.

— Merci, consentit la chère, une bouffée droit à elle d'une constellation ou des feuilles bue comme pour y trouver sinon le rassérènement, elle n'avait douté d'un succès, du moins l'habitude frigide de sa voix : j'ai dans l'esprit le souvenir de choses qui ne s'oublient.

— Oh ! rien que lieu commun d'une esthétique...

— Que vous n'auriez peut-être pas introduit, qui sait ? mon ami, le prétexte de formuler ainsi devant moi au conjoint isolement par exemple de notre voiture — où est-elle — regagnons-la : — Mais ceci jaillit, forcé, sous le coup de poing brutal à l'estomac, que cause une impatience de gens auxquels coûte que coûte et soudain il faut proclamer quelque chose fût-ce la rêverie...

— Qui s'ignore et se lance nue de peur, en travers du public ; c'est vrai. Comme vous, Madame, ne l'auriez entendu si irréfutablement, malgré sa réduplication sur une rime du trait final, mon boniment d'après un mode primitif du sonnet[†], je le gage, si chaque terme ne s'en

Mi ayuda a la cintura de la viviente alegoría, que ya resignaba su facción, acaso por falta en mí de facundia ulterior, con el objeto de atenuar suavemente su impulso hasta el suelo: "Les haré observar", añadí, ahora a un mismo nivel con el entendimiento de los visitantes, cortando en seco su estupefacción ante aquella despedida mediante una simulación de retorno a la autenticidad del espectáculo, "señoras y señores, que la persona que ha tenido el honor de someterse a su juicio no requiere, para comunicarles el sentido de su encanto, un traje o ningún accesorio habitual de teatro. Esta naturalidad cuadra con la alusión perfecta que siempre proporciona el atuendo a uno de los motivos primordiales de la mujer, y basta, tal como de esto me convence la simpática aprobación de ustedes". Un suspenso de signo apreciativo, salvo por algunos desconcertantes "¡Por supuesto!" o "¡Eso es!" y "Sí" de las gargantas así como varios bravos aportados por pares de manos generosas, condujo hasta la salida, que se abría sobre una vacancia de árboles y de noche, a la multitud con que íbamos a mezclarnos, de no ser por la espera en guantes blancos todavía de un soldadito infantil que soñaba con despabilarlos a la valoración de una liga altiva.

—Gracias —consintió la querida, después de beber una bocanada que llegó directamente a ella de una constelación o de las hojas, como para encontrar en ella, si no el sosiego (no había dudado del éxito), al menos el hábito frígido de su voz—: tengo en la mente el recuerdo de cosas que no se olvidan.

—¡Oh! Tan sólo lugar común de una estética...

—Que usted, querido, no hubiera introducido, quizás, ¿quién sabe?, el pretexto de formular así ante mí, en el conjunto aislamiento por ejemplo de nuestro coche —

était répercuté jusqu'à vous par de variés tympans, pour charmer un esprit ouvert à la compréhension multiple.

— Peut-être ! accepta notre pensée dans un enjouement de souffle nocturne la même.

¿dónde está?, volvamos a él—: pero eso brotó, forzado, bajo el puñetazo brutal al estómago causado por una impaciencia de gente que, cueste lo que cueste y de pronto, tiene que proclamar algo, aunque más no sea la ensoñación...

—Que se ignora a sí misma y se precipita desnuda de miedo a través del público; es cierto. Como usted, señora, no lo hubiera oído tan irrefutablemente, pese a su reduplicación en una rima del tramo final, mi discursito basado en un modo primitivo del soneto[3], supongo, si cada término no hubiera llegado hasta usted repercutido por variados tímpanos, para encantar un espíritu abierto a la comprensión múltiple.

—¡Quizás! —aceptó nuestro pensamiento en un gozo de hálito nocturno la misma.

LE NÉNUPHAR BLANC

J'avais beaucoup ramé, d'un grand geste net assoupi, les yeux au dedans fixés sur l'entier oubli d'aller, comme le rire de l'heure coulait alentour. Tant d'immobilité paressait que frôlé d'un bruit inerte où fila jusqu'à moitié la yole, je ne vérifiai l'arrêt qu'à l'étincellement stable d'initiales sur les avirons mis à nu, ce qui me rappela à mon identité mondaine.

Qu'arrivait-il, où étais-je ?

Il fallut, pour voir clair en l'aventure, me remémorer mon départ tôt, ce juillet de flamme, sur l'intervalle vif entre ses végétations dormantes d'un toujours étroit et distrait ruisseau, en quête des floraisons d'eau et avec un dessein de reconnaître l'emplacement occupé par la propriété de l'amie d'une amie, à qui je devais improviser un bonjour. Sans que le ruban d'aucune herbe me retînt devant un paysage plus que l'autre chassé avec son reflet en l'onde par le même impartial coup de rame, je venais échouer dans quelque touffe de roseaux, terme mystérieux de ma course, au milieu de la rivière : où tout de suite élargie en fluvial bosquet, elle étale un nonchaloir d'étang plissé des hésitations à partir qu'a une source.

L'inspection détaillée m'apprit que cet obstacle de verdure en pointe sur le courant, masquait l'arche unique d'un pont prolongé, à terre, d'ici et de là, par une haie clôturant des pelouses. Je me rendis compte. Simplement le parc de Madame ..., l'inconnue à saluer.

EL NENÚFAR BLANCO

Yo había remado mucho, con un gran ademán neto adormilado, vueltos los ojos hacia adentro y fijos en el entero olvido de ir, mientras la risa de la hora fluía en torno. Tanta inmovilidad holgazaneaba que, rozado por un ruido inerte en el que se fue hasta la mitad la yola, sólo comprobé la detención en el destellar estable de iniciales sobre los remos al desnudo, lo que me devolvió a mi identidad mundana.

¿Qué sucedía, dónde me encontraba?

Para ver claro en la contingencia, tuve que rememorar mi partida temprana, en ese julio de fuego, por el intervalo vivo entre sus vegetaciones durmientes de un siempre estrecho y distraído arroyo, en pos de las floraciones de agua y con un propósito de reconocer el terreno ocupado por la finca de la amiga de una amiga, a la que debía improvisarle un saludo. Sin que la cinta de ninguna hierba me retuviese delante de un paisaje más que el otro echado atrás con su reflejo en la onda por el mismo imparcial golpe de remo, fui a encallar en cierta mata de juncos, término misterioso de mi carrera, en medio del río: donde éste, de inmediato ensanchado en fluvial bosquecillo, extiende un abandono de laguna rizado con las hesitaciones en partir que tiene una fuente.

La inspección detallada me reveló que aquel obstáculo de vegetación que avanzaba en punta sobre la corriente ocultaba el arco único de un puente prolongado en tierra,

Un joli voisinage, pendant la saison, la nature d'une personne qui s'est choisi retraite aussi humidement impénétrable ne pouvant être que conforme à mon goût. Sûr, elle avait fait de ce cristal son miroir intérieur à l'abri de l'indiscrétion éclatante des après-midi ; elle y venait et la buée d'argent glaçant des saules ne fut bientôt que la limpidité de son regard habitué à chaque feuille.

Toute je l'évoquais lustrale.

Courbé dans la sportive attitude où me maintenait de la curiosité, comme sous le silence spacieux de ce que s'annonçait l'étrangère, je souris au commencement d'esclavage dégagé par une possibilité féminine : que ne signifiaient pas mal les courroies attachant le soulier du rameur au bois de l'embarcation, comme on ne fait qu'un avec l'instrument de ses sortilèges.

— « Aussi bien une quelconque... » allais-je terminer.
Quand un imperceptible bruit me fit douter si l'habitante du bord hantait mon loisir, ou inespérément le bassin.

Le pas cessa, pourquoi ?

Subtil secret des pieds qui vont, viennent, conduisent l'esprit où le veut la chère ombre enfouie en de la batiste et les dentelles d'une jupe affluant sur le sol comme pour circonvenir du talon à l'orteil, dans une flottaison, cette initiative par quoi la marche s'ouvre, tout au bas et les plis rejetés en traîne, une échappée, de sa double flèche savante.

Connaît-elle un motif à sa station, elle-même la promeneuse : et n'est-ce, moi, tendre trop haut la tête, pour ces joncs à ne dépasser et toute la mentale somnolence

de este y de aquel lado, por un seto que cercaba áreas de césped. Me di cuenta. Sencillamente el parque de la señora..., la desconocida a la que tenía que saludar.

Un bonito entorno, durante la estación: la naturaleza de una persona que eligió para sí misma un retiro tan húmedamente impenetrable no puede ser más que conforme a mi gusto. Sin duda, ella había hecho de aquel cristal su espejo interior fuera del alcance de la indiscreción deslumbrante de las tardes; allí iba y el vaho de plata helado de los sauces pronto no fue sino la limpidez de su mirada habituada a cada hoja.

Yo la evocaba toda ella lustral.

Curvado en la deportiva actitud en que cierta curiosidad me mantenía, como bajo el silencio espacioso con que se anunciaba la extraña, le sonreí al comienzo de esclavitud que se desprendía de una posibilidad femenina: no poco simbolizada por las correas que ligaban el zapato del remero a la madera de la embarcación, así como no somos más que uno con el instrumento de nuestros sortilegios.

—"Da lo mismo una cualquiera..." —iba a terminar.

Cuando un ruido imperceptible me hizo dudar si la habitante de la orilla visitaba mi ocio o inesperadamente la cuenca.

El paso cesó, ¿por qué?

Sutil secreto de los pies que van, vienen, conducen la mente adonde quiere la amada sombra envuelta en la batista y los encajes de una falda que afluye al suelo como para rodear, con una flotación, la iniciativa por medio de la cual el andar se abre, bien abajo y con los pliegues prolongándose hacia atrás, un pasaje, con su doble flecha hábil.

où se voile ma lucidité, que d'interroger jusque-là le mystère.

— « À quel type s'ajustent vos traits, je sens leur précision, Madame, interrompre chose installée ici par le bruissement d'une venue, oui ! ce charme instinctif d'en dessous que ne défend pas contre l'explorateur la plus authentiquement nouée, avec une boucle en diamant, des ceintures. Si vague concept se suffit : et ne transgressera le délice empreint de généralité qui permet et ordonne d'exclure tous visages, au point que la révélation d'un (n'allez point le pencher, avéré, sur le furtif seuil où je règne) chasserait mon trouble, avec lequel il n'a que faire. »

Ma présentation, en cette tenue de maraudeur aquatique, je la peux tenter, avec l'excuse du hasard.

Séparés, on est ensemble : je m'immisce à de sa confuse intimité, dans ce suspens sur l'eau où mon songe attarde l'indécise, mieux que visite, suivie d'autres, l'autorisera. Que de discours oiseux en comparaison de celui que je tins pour n'être pas entendu, faudra-t-il, avant de retrouver aussi intuitif accord que maintenant, l'ouïe au ras de l'acajou vers le sable entier qui s'est tu !

La pause se mesure au temps de ma détermination.

Conseille, ô mon rêve, que faire ?

Résumer d'un regard la vierge absence éparse en cette solitude et, comme on cueille, en mémoire d'un site, l'un de ces magiques nénuphars clos qui y surgissent tout à coup, enveloppant de leur creuse blancheur un rien, fait de songes intacts, du bonheur qui n'aura pas lieu et de mon souffle ici retenu dans la peur d'une apparition, partir avec : tacitement, en déramant peu à peu sans du heurt briser l'illusion ni que le clapotis de la bulle visible

¿Sabe ella misma, la paseante, por qué motivo se ha detenido? ¿Y no es, por mi parte, alzar demasiado la cabeza, para esos juncos que no se deben sobrepasar y toda la mental somnolencia en que se vela mi lucidez, si interrogo hasta allí el misterio?

—"A qué tipo se ajustan, señora, sus rasgos, siento su precisión que interrumpe cosa instalada aquí por el murmullo de una llegada, ¡sí!, ese encanto instintivo de abajo al que no defiende del explorador la más auténticamente atada, con una hebilla de diamante, de los cinturones. Concepto tan vago se basta a sí mismo: y no transgrederá la delicia impregnada de generalidad que permite y ordena excluir todo rostro, hasta el punto de que la revelación de uno (no se le ocurra inclinarlo, confirmado, sobre el furtivo umbral en que reino) disiparía mi turbación, con el que no tiene nada que ver".

Puedo intentar mi presentación, con este atuendo de merodeador acuático, valiéndome de la excusa de la casualidad.

Separados, estamos juntos: penetro en su confusa intimidad, en este suspenso sobre el agua en que mi sueño demora a la indecisa, mejor de lo que una visita, seguida de otras, lo autorizará. ¡Cuántos discursos ociosos en comparación con el que proferí para no ser oído harán falta antes de recobrar una armonía tan intuitiva como la de ahora, con el oído al ras de la caoba hacia la arena toda que ha callado!

La pausa se mide según el tiempo de mi determinación.

Aconséjame, oh sueño mío, ¿qué hacer?

Resumir con una mirada la virgen ausencia diseminada en esta soledad y, tal como se recoge, en memoria

d'écume enroulée à ma fuite ne jette aux pieds survenus de personne la ressemblance transparente du rapt de mon idéale fleur.

Si, attirée par un sentiment d'insolite, elle a paru, la Méditative ou la Hautaine, la Farouche, la Gaie, tant pis pour cette indicible mine que j'ignore à jamais ! car j'accomplis selon les règles la manœuvre : me dégageai, virai et je contournais déjà une ondulation du ruisseau, emportant comme un noble œuf de cygne, tel que n'en jaillira le vol, mon imaginaire trophée, qui ne se gonfle d'autre chose sinon de la vacance exquise de soi qu'aime, l'été, à poursuivre, dans les allées de son parc, toute dame, arrêtée parfois et longtemps, comme au bord d'une source à franchir ou de quelque pièce d'eau.

de un lugar visitado, uno de esos mágicos nenúfares cerrados que de pronto surgen allí, y que envuelven con su hueca blancura un algo, un casi nada, hecho de sueños intactos, de la felicidad que no será y de mi aliento retenido aquí ante el miedo de una aparición, irme con ella: tácitamente, desremando poco a poco sin romper con el golpe la ilusión, y sin que el chapoteo de la burbuja visible de espuma enroscada a mi huida arroje a los pies aparecidos de nadie la semejanza transparente del rapto de mi flor ideal.

Si, atraída por una intuición de lo insólito, ella apareció, la Meditabunda o la Altiva, la Esquiva, la Alegre, ¡qué importa esa indecible cara que ignoro para siempre! Dado que procedí según las reglas de la maniobra: solté amarras, viré y ya eludía una ondulación del arroyo, llevándome como un noble huevo de cisne, tal como de él no brotará el vuelo, mi imaginario trofeo, preñado de no otra cosa que de la vacancia exquisita de sí misma que, en verano, a toda dama le gusta perseguir por los senderos de su parque, detenida a veces, y por largo rato, como a orillas de una fuente que hay que franquear o de alguna extensión de agua.

L'ECCLÉSIASTIQUE

Les printemps poussent l'organisme à des actes qui, dans une autre saison, lui sont inconnus et maint traité d'histoire naturelle abonde en descriptions de ce phénomène, chez les animaux. Qu'il serait d'un intérêt plus plausible de recueillir certaines des altérations qu'apporte l'instant climatérique dans les allures d'individus faits pour la spiritualité ! Mal quitté par l'ironie de l'hiver, j'en retiens, quant à moi, un état équivoque tant que ne s'y substitue pas un naturalisme absolu ou naïf capable de poursuivre une jouissance dans la différentiation de plusieurs brins d'herbes. Rien dans le cas actuel n'apportant de profit à la foule, j'échappe, pour le méditer, sous quelques ombrages environnant d'hier la ville : or c'est de leur mystère presque banal que j'exhiberai un exemple saisissable et frappant des inspirations printanières.

Vive fut tout à l'heure, dans un endroit peu fréquenté du bois de Boulogne, ma surprise quand, sombre agitation basse, je vis, par les mille interstices d'arbustes bons à ne rien cacher, total et des battements supérieurs du tricorne s'animant jusqu'à des souliers affermis par des boucles en argent, un ecclésiastique, qui à l'écart de témoins, répondait aux sollicitations du gazon. À moi ne plût (et rien de pareil ne sert les desseins providentiels) que, coupable à l'égal d'un faux scandalisé se saisissant d'un caillou du chemin, j'amenasse par mon sourire même d'intelligence, une rougeur sur le visage à deux

EL ECLESIÁSTICO

Las primaveras inducen al organismo a realizar actos que, en otra estación, le son desconocidos, y muchos tratados de historia natural abundan en descripciones de este fenómeno en los animales. ¡Cuánto más digno de interés sería registrar algunas de las alteraciones que aporta el instante climatérico al comportamiento de individuos hechos para la espiritualidad! Abandonado sólo a medias por la ironía del invierno, yo retengo de éste, en lo que me concierne, un estado equívoco, hasta tanto no lo reemplaza un naturalismo absoluto o ingenuo, capaz de buscar un placer en la diferenciación de varias briznas de hierba. Como nada en el caso actual aporta provecho alguno a la multitud, escapo, para meditarlo, a refugiarme en ciertos sitios umbrosos que desde no hace mucho rodean la ciudad: ahora bien, es de su misterio casi banal del que exhibiré un ejemplo inteligible y asombroso de las inspiraciones primaverales.

Viva fue hace un rato mi sorpresa, en un sitio poco frecuentado del bosque de Boulogne, cuando, oscura agitación baja, vi, por entre los mil intersticios de arbustos eficaces en no ocultar nada, total y desde los aleteos superiores del tricornio animándose hasta zapatos sujetados por hebillas de plata, a un eclesiástico que, alejado de todo testigo, respondía a las solicitaciones del césped. ¡No me gustó a mí (y nada semejante favorece los designios providenciales) que, culpable al igual que un falso escandalizado que recoge una piedra del camino, yo sus-

mains voilé de ce pauvre homme, autre que celle sans doute trouvée dans son solitaire exercice ! Le pied vif, il me fallut, pour ne produire par ma présence de distraction, user d'adresse ; et fort contre la tentation d'un regard porté en arrière, me figurer en esprit l'apparition quasi-diabolique qui continuait à froisser le renouveau de ses côtes, à droite, à gauche et du ventre, en obtenant une chaste frénésie. Tout, se frictionner ou jeter les membres, se rouler, glisser, aboutissait à une satisfaction : et s'arrêter, interdit du chatouillement de quelque haute tige de fleur à de noirs mollets, parmi cette robe spéciale portée avec l'apparence qu'on est pour soi tout même sa femme. Solitude, froid silence épars dans la verdure, perçus par des sens moins subtils qu'inquiets, vous connûtes les claquements furibonds d'une étoffe ; comme si la nuit absconse en ses plis en sortait enfin secouée ! et les heurts sourds contre la terre du squelette rajeuni ; mais l'énergumène n'avait point à vous contempler. Hilare, c'était assez de chercher en soi la cause d'un plaisir ou d'un devoir, qu'expliquait mal un retour, devant une pelouse, aux gambades du séminaire. L'influence du souffle vernal doucement dilatant les immuables textes inscrits en sa chair, lui aussi, enhardi de ce trouble agréable à sa stérile pensée, était venu reconnaître par un contact avec la Nature, immédiat, net, violent, positif, dénué de toute curiosité intellectuelle, le bien-être général ; et candidement, loin des obédiences et de la contrainte de son occupation, des canons, des interdits, des censures, il se roulait, dans la béatitude de sa simplicité native, plus heureux qu'un âne. Que le but de sa promenade atteint se soit, droit et d'un jet, relevé non sans secouer les pistils et essuyer les sucs attachés à sa personne, le héros de ma vision, pour rentrer, inaperçu, dans la foule et les habitudes de son ministère, je ne songe à rien nier ; mais j'ai le droit de ne point considérer cela. Ma discrétion vis-à-vis d'ébats d'abord apparus n'a-t-elle pas pour récompense d'en fixer à jamais comme

citase, con mi misma sonrisa de inteligencia, un rubor en el rostro a dos manos velado del pobre hombre, distinto del sin duda proporcionado por su solitario ejercicio! Raudo el pie, me fue necesario, para no causar distracción con mi presencia, valerme de destreza; y, resistiendo la tentación de una mirada vuelta atrás, figurarme mentalmente la aparición casi diabólica que seguía arrugando el rebrotar con sus costillas, a derecha, a izquierda, y con el vientre, obteniendo un casto frenesí. Todo, restregarse o estirar los miembros, revolcarse, resbalar, terminaba en una satisfacción: y detenerse, cohibido por las cosquillas de algún alto tallo de flor en negras pantorrillas, entre esa falda especial llevada con la apariencia de que se es para uno mismo todo, aun su propia mujer. Soledad, frío silencio disperso en la vegetación, percibidos por sentidos menos sutiles que inquietos, ustedes conocieron los chasquidos furibundos de una tela; ¡como si la noche oculta en sus pliegues saliese por fin de ella sacudida! y los choques sordos contra la tierra del esqueleto rejuvenecido; pero el energúmeno no tenía por qué contemplarlos. Gozoso, bastaba con buscar en sí mismo la causa de un placer o de un deber, insuficientemente explicados por un retorno, delante de un cuadro de césped, a los retozos del seminario. La influencia del hálito vernal dilataba suavemente los inmutables textos inscritos en su carne, y él también, enardecido por esa turbación grata a su estéril pensamiento, había ido a reconocer mediante un contacto con la Naturaleza, inmediato, nítido, violento, positivo, desprovisto de toda curiosidad intelectual, el bienestar general; y cándidamente, lejos de las obediencias y de las obligaciones de su ocupación, de los cánones, de las interdicciones, de las censuras, se revolcaba, en la beatitud de su simplicidad nativa, más feliz que un asno. Que, alcanzada la finalidad de su paseo, se haya levantado, derecho y de un tirón, no sin sacudir los pistilos y enjugar los jugos adheridos a su persona, el protagonista de mi contemplación, para volver a entrar,

une rêverie de passant se plut à la compléter, l'image marquée d'un sceau mystérieux de modernité, à la fois baroque et belle ?

desapercibido, en la multitud y en los usos de su ministerio, es algo que no pienso en absoluto negar; pero tengo derecho a no considerar esto. Mi discreción en lo atinente a retozos que en primer lugar aparecieron, ¿no tiene por recompensa el fijar para siempre cómo una fantasía de transeúnte se complació en completar la imagen marcada por un sello misterioso de modernidad, a la vez barroca y bella?

LA GLOIRE

La Gloire ! je ne la sus qu'hier, irréfragable, et rien ne m'intéressera d'appelé par quelqu'un ainsi.

Cent affiches s'assimilant l'or incompris des jours, trahison de la lettre, ont fui, comme à tous confins de la ville, mes yeux au ras de l'horizon par un départ sur le rail traînés avant de se recueillir dans l'abstruse fierté que donne une approche de forêt en son temps d'apothéose.

Si discord parmi l'exaltation de l'heure, un cri faussa ce nom connu pour déployer la continuité de cimes tard évanouies, Fontainebleau, que je pensai, la glace du compartiment violentée, du poing aussi étreindre à la gorge l'interrupteur : Tais-toi ! Ne divulgue pas du fait d'un aboi indifférent l'ombre ici insinuée dans mon esprit, aux portières de wagons battant sous un vent inspiré et égalitaire, les touristes omniprésents vomis. Une quiétude menteuse de riches bois suspend alentour quelque extraordinaire état d'illusion, que me réponds-tu ? qu'ils ont, ces voyageurs, pour ta gare aujourd'hui quitté la capitale, bon employé vociférateur par devoir et dont je n'attends, loin d'accaparer une ivresse à tous départie par les libéralités conjointes de la nature et de l'État, rien qu'un silence prolongé le temps de m'isoler de la délégation urbaine vers l'extatique torpeur de ces feuillages là-bas trop immobilisés pour qu'une crise ne les éparpille bientôt dans l'air ; voici, sans attenter à ton intégrité, tiens, une monnaie.

LA GLORIA

¡La Gloria! Sólo ayer la conocí, irrefragable, y nada me interesará de lo que alguien pueda llamar así.

Cien carteles que absorbían el oro incomprendido de los días, traición de la letra, huyeron, como a todos los confines de la ciudad, mis ojos arrastrados a ras del horizonte por una partida sobre el riel antes de recogerse en el abstruso orgullo que en su tiempo de apoteosis da un bosque que se acerca.

Un grito, en medio de la exaltación de la hora, falseó ese nombre, Fontainebleau, conocido por desplegar la continuidad de cimas tarde desvanecidas, tan discordante que tuve el impulso, violentado el cristal del compartimiento, de también con el puño estrangular el interruptor: ¡Cállate! No les reveles, por medio de un ladrido indiferente, la sombra que aquí se coló en mi espíritu a las portezuelas de vagón sacudidas por un viento inspirado e igualitario, ya vomitados los turistas omnipresentes. Una quietud mendaz de frondosos bosques suspende en derredor cierto extraordinario estado de ilusión, ¿qué me respondes?, que por tu estación han dejado hoy estos pasajeros la capital, buen empleado vociferador por deber y del que yo sólo espero, lejos de acaparar una embriaguez a todos otorgada por las liberalidades conjuntas de la naturaleza y del Estado, un silencio que dura lo que me lleva aislarme de la delegación urbana e ir hacia el extático letargo de aquellos follajes demasiado inmovilizados para que una crisis no

Un uniforme inattentif m'invitant vers quelque barrière, je remets sans dire mot, au lieu du suborneur métal, mon billet.

Obéi pourtant, oui, à ne voir que l'asphalte s'étaler net de pas, car je ne peux encore imaginer qu'en ce pompeux octobre exceptionnel du million d'existences étageant leur vacuité en tant qu'une, monotonie énorme de capitale dont va s'effacer ici la hantise avec le coup de sifflet sous la brume, aucun furtivement évadé que moi n'ait senti qu'il est, cet an, d'amers et lumineux sanglots, mainte indécise flottaison d'idée désertant les hasards comme des branches, tel frisson et ce qui fait penser à un automne sous les cieux.

Personne et, les bras de doute envolés comme qui porte aussi un lot d'une splendeur secrète, trop inappréciable trophée pour paraître mais sans du coup m'élancer dans cette diurne veillée d'immortels troncs au déversement sur un d'orgueils surhumains (or ne faut-il pas qu'on en constate l'authenticité ?) ni passer le seuil où des torches consument, dans une haute garde, tous rêves antérieurs à leur éclat répercutant en pourpre dans la nue l'universel sacre de l'intrus royal qui n'aura eu qu'à venir : j'attendis, pour l'être, que lent et repris du mouvement ordinaire, se réduisît à ses proportions d'une chimère puérile emportant du monde quelque part, le train qui m'avait là déposé seul.

los disperse pronto en el aire; aquí tienes, sin atentar a tu integridad, toma, una moneda.

Un uniforme inatento me invita hacia cierta barrera, y sin pronunciar palabra entrego, en lugar del sobornador metal, mi billete.

Obediente no obstante, sí, sin ver más que el asfalto que se extiende virgen de pasos, ya que no puedo aún imaginar que en este pomposo octubre excepcional del millón de existencias escalonando su vacuidad en tanto que monotonía enorme de capital cuya obsesión va a borrarse aquí al oírse el silbato bajo la bruma, ningún otro furtivamente evadido que no sea yo haya sentido que hay, este año, amargos y luminosos sollozos, mucha indecisa flotación de idea que deserta los azares como ramas, cierto estremecimiento y lo que hace pensar en un otoño bajo el cielo.

Nadie y, con los brazos de duda proyectados como quien lleva también una carga de un esplendor secreto, ¡demasiado inapreciable trofeo para mostrarse!, pero sin por eso precipitarme en esa diurna vigilia de inmortales troncos que vuelcan sobre uno orgullos sobrehumanos (ahora bien, ¿no tenemos que constatar su autenticidad?) ni trasponer el umbral en que hay antorchas que consumen, en alta guardia, sueños todos anteriores a su resplandor que repercute en púrpura en la nube la universal coronación del intruso real que no habrá tenido más que venir: esperé, para serlo, que, lento y nuevamente animado por su movimiento habitual, se redujese a sus proporciones de quimera pueril llevando gente a alguna parte el tren que me había dejado solo allí.

CONFLIT

Longtemps, voici du temps — je croyais — que s'exempta mon idée d'aucun accident même vrai ; préférant aux hasards, puiser, dans son principe, jaillissement.

Un goût pour une maison abandonnée, lequel paraîtrait favorable à cette disposition, amène à me dédire : tant le contentement pareil, chaque année verdissant l'escalier de pierres extérieur, sauf celle-ci, à pousser contre les murailles un volet hivernal puis raccorder comme si pas d'interruption, l'œillade d'à présent au spectacle immobilisé autrefois. Gage de retours fidèles, mais voilà que ce battement, vermoulu, scande un vacarme, refrains, altercations, en dessous : je me rappelle comment la légende de la malheureuse demeure dont je hante le coin intact, envahie par une bande de travailleurs en train d'offenser le pays parce que tout de solitude, avec une voie ferrée, survint, m'angoissa au départ, irais-je ou pas, me fit presque hésiter — à revoir, tant pis ! ce sera à défendre, comme mien, arbitrairement s'il faut, le local et j'y suis. Une tendresse, exclusive dorénavant, — que ç'ait été lui qui, dans la suppression concernant des sites précieux, reçût la pire injure ; hôte, je le deviens, de sa déchéance : invraisemblablement, le séjour chéri pour la désuétude et de l'exception, tourné par les progrès en cantine d'ouvriers de chemin de fer.

Terrassiers, puisatiers, par qui un velours hâve aux jambes, semble que le remblai bouge, ils dressent, au repos, dans une tranchée, la rayure bleu et blanc trans-

CONFLICTO

Por mucho tiempo, hace ya tiempo —creía yo—, mi pensamiento se preservó de todo accidente aun verdadero; prefería, a la casualidad, extraer, de su principio, lo que brota.

Cierta afición a una casa abandonada, que parecería favorable a esta disposición de ánimo, induce a desdecirme: tan invariable el contento, cada año que cubre de verdín la escalera de piedras exterior, salvo éste, de empujar contra las murallas un postigo invernal y luego volver a unir, como si ninguna interrupción, la ojeada actual al espectáculo otrora inmovilizado. Prenda de regresos fieles, pero he aquí que ese golpear, carcomido, ritma un estrépito, estribillos, altercados, allá abajo: recuerdo cómo la leyenda de la desdichada morada cuyo rincón intacto ocupo, invadida por una pandilla de trabajadores dedicados a ofender la región, porque toda hecha de soledad, con una vía férrea, llegó de repente, me angustió cuando yo iba a partir, ¿iría o no?, me hizo casi vacilar —volver a verlo, ¡mala suerte!, habrá que defender, como mío, arbitrariamente si hace falta, el lugar y allí estoy. Un cariño, exclusivo de ahora en más —que haya sido él el que, en la supresión sufrida por sitios valiosos, recibiese la peor injuria; en huésped me convierto de su decadencia: inverosímilmente, la estancia amada por lo anticuada y lo excepcional, convertida por el progreso en cantina de obreros de ferrocarril.

versale des maillots comme la nappe d'eau peu à peu (vêtement oh ! que l'homme est la source qu'il cherche) : ce les sont, mes co-locataires jadis ceux, en esprit, quand je les rencontrai sur les routes, choyés comme les ouvriers quelconques par excellence : la rumeur les dit chemineaux. Las et forts, grouillement partout où la terre a souci d'être modifiée, eux trouvent, en l'absence d'usine, sous les intempéries, indépendance.

Les maîtres si quelque part, dénués de gêne, verbe haut. — Je suis le malade des bruits et m'étonne que presque tout le monde répugne aux odeurs mauvaises, moins au cri. Cette cohue entre, part, avec le manche, à l'épaule, de la pioche et de la pelle : or, elle invite, en sa faveur, les émotions de derrière la tête et force à procéder, directement, d'idées dont on se dit *c'est de la littérature !* Tout à l'heure, dévot ennemi, pénétrant dans une crypte ou cellier en commun, devant la rangée de l'outil double, cette pelle et cette pioche, sexuels — dont le métal, résumant la force pure du travailleur, féconde les terrains sans culture, je fus pris de religion, outre que de mécontentement, émue à m'agenouiller. Aucun homme de loi ne se targue de déloger l'intrus — baux tacites, usages locaux — établi par surprise et ayant même payé aux propriétaires : je dois jouer le rôle ou restreindre, à mes droits, l'empiétement. Quelque langage, la chance que je le tienne, comporte du dédain, bien sûr, puisque la promiscuité, couramment, me déplaît : ou, serai-je, d'une note juste, conduit à discourir ainsi ? — Camarades — par exemple — vous ne supposez pas l'état de quelqu'un épars dans un paysage celui-ci, où toute foule s'arrête, en tant qu'épaisseur de forêt à l'isolement que j'ai voulu tutélaire de l'eau ; or mon cas, tel et, quand on jure, hoquète, se bat et s'estropie, la discordance produit, comme dans ce suspens lumineux de l'air, la plus intolérable si sachez, invisible des déchirures. — Pas que je redoute l'inanité, quant à des simples, de cet aveu, qui les frappe-

Excavadores, poceros, por quienes, cubiertas las piernas por una pana macilenta, parece moverse el terraplén, trazan, en descanso, en una zanja, el rayado azul y blanco transversal de las camisetas como la napa de agua poco a poco (ropa, ¡oh!, por cierto es el hombre la fuente que él mismo busca): lo son, mis colocatarios de antaño, los, en mi mente, cuando me crucé con ellos en los caminos, apreciados como los obreros del montón por excelencia: dice el rumor que son vagabundos[4]. Cansados y fuertes, agitación dondequiera que la tierra ansía ser modificada, encuentran, en ausencia de fábrica, entre las inclemencias del tiempo, independencia.

Los patrones si acaso en alguna parte, libres de embarazo, voces resonantes. —Yo soy el enfermo de los ruidos y me asombra que a casi todos disgusten los malos olores, el grito menos. Este tropel entra, se va, con el mango, al hombro, del pico y de la pala: ahora bien, invita, en su favor, las emociones de atrás de la cabeza y obliga a avanzar, directamente, de ideas de las que uno se dice *¡eso es literatura!* Hace un rato, devoto enemigo, al penetrar en una cripta o bodega común, delante de la hilera de la herramienta doble, esta pala y este pico, sexuales —cuyo metal, resumiendo la fuerza pura del trabajador, fecunda los terrenos sin cultivo—, me embargó la religión, además del enojo, conmovida hasta hacerme arrodillar. Ningún oficial de justicia se jacta de desalojar al intruso —arriendos tácitos, usos locales— instalado por sorpresa y que incluso les pagó a los dueños: yo debo jugar ese papel o limitar, a lo que son mis derechos, la usurpación. Cualquier lenguaje, si por suerte lo tuviera, entraña desdén, desde luego, ya que la promiscuidad, por lo general, me desagrada: ¿o me veré conducido, con tono justo, a discurrir así? —Compañeros —por ejemplo—, no suponen ustedes el estado de alguien disperso en un paisaje, éste, en que toda multitud

rait, sûrement, plus qu'autres au monde et ne commanderait le même rire immédiat qu'à onze messieurs, pour voisins : avec le sens, pochards, du merveilleux et, soumis à une rude corvée, de délicatesses quelque part supérieures, peut-être ne verraient-ils, dans mon douloureux privilège, aucune démarcation strictement sociale pour leur causer ombrage, mais personnelle — s'observeraient-ils un temps, bref, l'habitude plausiblement reprend le dessus ; à moins qu'un ne répondît, tout de suite, avec égalité. — Nous, le travail cessé pour un peu, éprouvons le besoin de se confondre, entre soi : qui a hurlé, moi, lui ? son coup de voix m'a grandi, et tiré de la fatigue, aussi est-ce, déjà, boire, gratuitement, d'entendre crier un autre. — Leur chœur, incohérent, est en effet nécessaire. Comme vite je me relâche de ma défense, avec la même sensibilité qui l'aiguisa ; et j'introduis, par la main, l'assaillant. Ah ! à l'exprès et propre usage du rêveur se clôture, au noir d'arbres, en spacieux retirement, la Propriété, comme veut le vulgaire : il faut que je l'aie manquée, avec obstination, durant mes jours — omettant le moyen d'acquisition — pour satisfaire quelque singulier instinct de ne rien posséder et de seulement passer, au risque d'une résidence comme maintenant ouverte à l'aventure qui n'est pas, tout à fait, le hasard, puisqu'il me rapproche, selon que je me fis, de prolétaires.

Alternatives, je prévois la saison, de sympathie et de malaise...

— Ou souhaiterais, pour couper court, qu'un me cherchât querelle : en attendant et seule stratégie, s'agit de clore un jardinet, sablé, fleuri par mon art, en terrasse sur l'onde, la pièce d'habitation à la campagne... Qu'étranger ne passe le seuil, comme vers un cabaret, les travailleurs iront à leur chantier par un chemin loué et fauché dans les moissons.

se detiene, en tanto espesura de bosque que yo quise tutelar del agua; ahora bien, tal es mi caso y, cuando hay malas palabras, hipos, peleas y lesiones, la discordancia produce, como en esta luminosa suspensión del aire, el más intolerable si bien, sépanlo, invisible de los desgarramientos. —No es que yo tema la inanidad, tratándose de simples, de esta confesión, que, seguramente, les llamaría la atención más que a otros en el mundo, y no les arrancaría la misma risa inmediata que a once señores, por vecinos: dotados del sentido, borrachines, de lo maravilloso y, sometidos a un duro y pesado trabajo, de delicadezas de algún modo superiores, quizás no viesen, en mi doloroso privilegio, ninguna distinción estrictamente social que les causara ofensa, sino personal —si se dominaran un rato, breve, posiblemente el hábito volviera a imponerse; a menos que uno respondiese, enseguida, de igual a igual. —Nosotros, cuando el trabajo cesa un poco, experimentamos la necesidad de confundirnos unos con otros: ¿quién ha gritado: yo, él?, su exclamación me ha hecho más grande, y me ha sacado de la fatiga, por lo que es, ya, beber, gratis, oír gritar a otro. —Su coro, incoherente, es efectivamente necesario. Así rápidamente afloja mi actitud de defensa, con la misma sensibilidad que la aguzó; e introduzco, con la mano, al asaltante. ¡Ah! para expreso y propio uso del soñador se encierra, entre la negrura de los árboles, en espacioso retiro, la Finca, como dice el vulgo: con obstinación debo de haber dejado que se me escapara, en mis días —omitiendo el medio de adquisición—, para satisfacer cierto singular instinto de no poseer nada y tan sólo pasar, al riesgo de una residencia como ahora abierta a la aventura que no es, del todo, el azar, puesto que me acerca, conforme fui constituyéndome, a proletarios.

Alternativas, preveo la época, de simpatía y de malestar...

« Fumier ! » accompagne de pieds dans la grille, se profère violemment : je comprends qui l'aménité nomme, eh ! bien même d'un soûlaud, grand gars le visage aux barreaux, elle me vexe malgré moi ; est-ce caste, du tout, je ne mesure, individu à individu, de différence, en ce moment, et ne parviens à ne pas considérer le forcené, titubant et vociférant, comme un homme ou à nier le ressentiment à son endroit. Très raide, il me scrute avec animosité. Impossible de l'annuler mentalement : de parfaire l'œuvre de la boisson, le coucher, d'avance, en la poussière et qu'il ne soit pas ce colosse tout à coup grossier — et méchant. Sans que je cède même par un pugilat qui illustrerait, sur le gazon, la lutte des classes, à ses nouvelles provocations débordantes. Le mal qui le ruine, l'ivrognerie, y pourvoira, à ma place, au point que le sachant, je souffre de mon mutisme, gardé indifférent, qui me fait complice.

Un énervement d'états contradictoires, oiseux, faussés et la contagion jusqu'à moi, par du trouble, de quelque imbécile ébriété.

Même le calme, obligatoire dans une région d'échos, comme on y trempe, je l'ai, particulièrement les soirs de dimanche, jusqu'au silence. Appréhension quant à cette heure, qui prend la transparence de la journée, avant les ombres puis l'écoule lucide vers quelque profondeur. J'aime assister, en paix, à la crise et qu'elle se réclame de quelqu'un. Les compagnons apprécient l'instant, à leur façon, se concertent, entre souper et coucher, sur les salaires ou interminablement disputent, en le décor vautrés. M'abstraire ni quitter, exclus, la fenêtre, regard, moi-là, de l'ancienne bâtisse sur l'endroit qu'elle sait ; pour faire au groupe des avances, sans effet. Toujours le cas : pas lieu de se trouver ensemble ; un contact peut, je le crains, n'intervenir entre des hommes. — « Je dis » une

—O desearía, para cortar por lo sano, que alguien me buscara camorra: mientras tanto y como única estrategia, se trata de cercar un jardincito, provisto de grava y flores por mi arte, en terraza sobre el agua, la vivienda en el campo... Que no trasponga el umbral extraño alguno, como hacia una taberna, los trabajadores irán a su lugar de trabajo por un camino rentado y abierto entre las mieses.

"¡Basura!", acompañado por patadas en la reja, suena violentamente: comprendo a quién nombra el cumplido, ¡pues bien!, incluso proveniente de un curda, muchachote con la cara contra los barrotes, me molesta a mi pesar; ¿es prejuicio de casta?, nada de eso, yo no mido, de individuo a individuo, diferencia alguna, en este momento, y no logro no considerar al loco furioso, que titubea y vocifera, un hombre, o negar el resentimiento contra él. Muy tieso, me escudriña con animosidad. Imposible anularlo, mentalmente: completar la obra de la bebida, tenderlo, por anticipado, en el polvo y que no sea ese coloso del todo grosero y malvado. Sin que yo ceda incluso por un pugilato que ilustraría, en el césped, la lucha de clases, a sus nuevas provocaciones desbordantes. El mal que lo arruina, la borrachera, se ocupará de eso, en mi lugar, hasta el punto de que, sabiéndolo, me hace sufrir mi mutismo, que guardo indiferente, y que me hace cómplice.

Un enervamiento de estados contradictorios, ociosos, falseados, y el contagio hasta mí, mediante la turbación, de cierta imbécil ebriedad.

Tengo incluso la calma, obligatoria en una región de ecos, cuando uno se sume en ella, particularmente las tardes de domingo, hasta el silencio. Aprensión en cuanto a esa hora, que toma la transparencia del día, antes de las sombras, y luego la vierte lúcida en alguna hondura.

voix « que nous trimons, chacun ici, au profit d'autres. »
— « Mieux », interromprais-je bas, « vous le faites, afin
qu'on vous paie et d'être légalement, quant à vous
seuls. » — « Oui, les bourgeois », j'entends, peu concerné
« veulent un chemin de fer ». — « Pas moi, du moins »
pour sourire « je ne vous ai pas appelés dans cette con-
trée de luxe et sonore, bouleversée autant que je suis
gêné ». Ce colloque, fréquent, en muettes restrictions de
mon côté, manque, par enchantement ; quelle pierrerie,
le ciel fluide. Toutes les bouches ordinaires tues au ras du
sol comme y dégorgeant leur vanité de parole. J'allais
conclure : « Peut-être moi, aussi, je travaille... » — « À
quoi ? » n'eût objecté aucun, admettant, à cause de
comptables, l'occupation transférée des bras à la tête. À
quoi — tait, dans la conscience seule, un écho — du
moins, qui puisse servir, parmi l'échange général. Tris-
tesse que ma production reste, à ceux-ci, par essence,
comme les nuages au crépuscule ou des étoiles, vaine.

Véritablement, aujourd'hui, qu'y a-t-il ?

L'escouade du labeur gît au rendez-vous mais vaincue.
Ils ont trouvé, l'un après l'autre qui la forment, ici affalée
en l'herbe, l'élan à peine, chancelant tous comme sous un
projectile, d'arriver et tomber à cet étroit champ de ba-
taille : quel sommeil de corps contre la motte sourde.

Ainsi vais-je librement admirer et songer.

Non, ma vue ne peut, de l'ouverture où je m'accoude,
s'échapper dans la direction de l'horizon, sans que
quelque chose de moi n'enjambe, indûment, avec
manque d'égard et de convenance à mon tour, cette jon-
chée d'un fléau ; dont, en ma qualité, je dois comprendre
le mystère et juger le devoir car, contrairement à la ma-
jorité et beaucoup de plus fortunés, le pain ne lui a pas
suffi — ils ont peiné une partie notable de la semaine
pour l'obtenir, d'abord ; et, maintenant, la voici, demain

Me gusta asistir, en paz, a la crisis, y que ésta tenga algún testigo. Los obreros aprecian el instante, a su modo, se ponen de acuerdo, entre la cena y el momento de acostarse, sobre la paga, o interminablemente discuten, tumbados en el paisaje. Ni abstraerme ni apartarme, excluyéndolos, de la ventana, mirada, conmigo allí, del antiguo caserón sobre el lugar que ella sabe; para intentar un acercamiento con el grupo, sin efecto. Siempre es el caso: ni modo de encontrarse juntos; un contacto puede, me temo, no mediar entre hombres. —"Digo", una voz, "que nos deslomamos, cada uno de los que estamos aquí, en beneficio de otros". —"Más aún", interrumpiría yo por lo bajo, "lo hacen para que les paguen y estar legalmente, en lo que respecta a ustedes, solos". —"Sí, los burgueses", oigo, la cosa poco me concierne, "quieren un ferrocarril". —"Yo no, al menos", para sonreír, "no les dije que vinieran a esta región de lujo y tan sonora, tan trastornada como molesto me siento yo". Este coloquio, frecuente, con mudas restricciones de mi parte, se corta por encanto; ¡qué pedrería, el cielo fluido! Todas las bocas ordinarias calladas a ras del suelo como volcando en él su vanidad de palabra. Yo iba a concluir: "Yo también, quizás, trabajo…". —"¿En qué?", no hubiera objetado ninguno, admitiendo, a causa de los contadores, la ocupación transferida de los brazos a la cabeza. En qué —calla, sólo en la conciencia, un eco— al menos, que pueda servir, en medio del intercambio general. Tristeza de que mi producción sea, para éstos, por esencia, como las nubes en el crepúsculo o las estrellas, vana.

En verdad, hoy, ¿qué pasa?

La cuadrilla del trabajo yace en su punto de reunión pero vencida. Han encontrado uno tras otro, los que la conforman, aquí desplomados en la hierba, apenas el impulso, titubeantes todos como alcanzados por un pro-

ils ne savent pas, rampent par le vague et piochent sans mouvement — qui fait en son sort, un trou égal à celui creusé, jusqu'ici, tous les jours, dans la réalité des terrains (fondation, certes, de temple). Ils réservent, honorablement, sans témoigner de ce que c'est ni que s'éclaire cette fête, la part du sacré dans l'existence, par un arrêt, l'attente et le momentané suicide. La connaissance qui resplendirait — d'un orgueil inclus à l'ouvrage journalier, résister, simplement et se montrer debout — alentour magnifiée par une colonnade de futaie ; quelque instinct la chercha dans un nombre considérable, pour les déjeter ainsi, de petits verres et ils en sont, avec l'absolu d'un accomplissement rituel, moins officiants que victimes, à figurer, au soir, l'hébétement de tâches si l'observance relève de la fatalité plus que d'un vouloir.

Les constellations s'initient à briller : comme je voudrais que parmi l'obscurité qui court sur l'aveugle troupeau, aussi des points de clarté, telle pensée tout à l'heure, se fixassent, malgré ces yeux scellés ne les distinguant pas — pour le fait, pour l'exactitude, pour qu'il soit dit. Je penserai, donc, uniquement, à eux, les importuns, qui me ferment, par leur abandon, le lointain vespéral ; plus que, naguère, par leur tumulte. Ces artisans de tâches élémentaires, il m'est loisible, les veillant, à côté d'un fleuve limpide continu, d'y regarder le peuple — une intelligence robuste de la condition humaine leur courbe l'échine journellement pour tirer, sans l'intermédiaire du blé, le miracle de vie qui assure la présence : d'autres ont fait les défrichements passés et des aqueducs ou livreront un terre-plein à telle machine, les mêmes, Louis-Pierre, Martin, Poitou et le Normand, quand ils ne dorment pas, ainsi s'invoquent-ils selon les mères ou la province ; mais plutôt des naissances sombrèrent en l'anonymat et l'immense sommeil l'ouïe à la génératrice, les prostrant, cette fois, subit un

yectil, para llegar y caer en este estrecho campo de batalla: cómo duermen los cuerpos contra el montículo sordo.

Voy pues a admirar y a meditar libremente.

No, mi vista no puede, desde la abertura en la que me acodo, escapar en dirección al horizonte, sin que una parte de mí pase por encima, indebidamente, con falta de consideración y de decoro a mi vez, de ese tendal dejado por una plaga; cuyo misterio, en mi calidad, debo comprender y cuyo deber debo juzgar: ya que, contrariamente a la mayoría y a muchos más afortunados, no le ha bastado el pan —han trabajado duramente una parte notable de la semana para obtenerlo, primero; y, ahora, aquí está, mañana no saben, se arrastran en lo baldío y cavan sin movimiento— lo que hace, a su modo, un pozo igual al cavado, hasta ahora, todos los días, en la realidad de los terrenos (cimiento, por cierto, de templo). Reservan, honorablemente, sin dar testimonio de lo que es ni que se ilumine esta fiesta, lo que tiene de sagrado la existencia, mediante una interrupción, la espera y el momentáneo suicidio. El conocimiento que resplandecería —de un orgullo incluido en la tarea cotidiana, resistir, simplemente y mostrarse de pie— en derredor magnificado por una columnata de monte; algún instinto lo buscó en un número considerable, para torcerlos así, de copitas, y son del mismo, con el carácter absoluto de una consumación ritual, menos oficiantes que víctimas, representando, por la tarde, el embrutecimiento de tareas, si bien la observancia resulta de la fatalidad más que de un querer.

Las constelaciones principian a brillar: cómo querría yo que entre la oscuridad que corre sobre el ciego rebaño, también puntos de luz, tal pensamiento de hace un rato, se fijasen, pese a esos ojos sellados que no los distinguen —por el hecho, por la exactitud, para que sea

accablement et un élargissement de tous les siècles et, autant cela possible — réduite aux proportions sociales, d'éternité.

dicho. Pensaré, pues, únicamente, en ellos, los importunos, que me cierran, con su abandono, la lejanía vespertina: más que, poco antes, con su tumulto. Me es lícito ver, en esos artífices de tareas elementales, mientras los contemplo, junto a un río límpido y continuo, el pueblo —una comprensión robusta de la condición humana les dobla diariamente el espinazo para extraer, sin intermediación del trigo, el milagro de vida que asegura la presencia: otros han hecho los desmontes pasados y acueductos o entregarán un terraplén a tal máquina, los mismos, Louis-Pierre, Martin, Poitou y el Normando, cuando no duermen, así se invocan uno a otro según las madres o el terruño; pero, más bien, los linajes se hundieron en el anonimato y el inmenso sueño con la oreja puesta sobre la generadora, postrándolos, esta vez, sufre un agobio y una expansión de todos los siglos y, tanto como es posible —reducida a las proporciones sociales—, de eternidad.

CRONOLOGÍA

1842. *18 de marzo*: Étienne Mallarmé nace en París, en el n° 12 de la Rue Laferrière. Sus padres son Numa-Florence-Joseph Mallarmé, funcionario (nacido en 1805) y Élizabeth-Félicie Desmolins (nacida en 1819).
1844. *25 de marzo*: Nace su hermana Marie (la María de *Queja otoñal*).
1847. *2 de abril*: Al regreso de un viaje por Italia, muere su madre.
1848. *27 de octubre*: Su padre contrae segundas nupcias con Anne-Hubertine-Léonide Matthieu. Como resultado de este matrimonio, Mallarmé tendrá tres medio hermanas y un medio hermano.
1852. *Septiembre*: Entra como pupilo a una escuela religiosa en Passy, barrio, por aquel entonces, del suburbio de París.
1854. *Mayo*: Ingresa en una nueva escuela. *Septiembre*: Escribe *L'Ange gardien*, su primera composición literaria conocida, un ejercicio escolar.
1856. *Abril*: Ingresa como alumno interno al Liceo de Sens.
1857. *Julio*: Escribe la *Cantata para la primera comunión* en el Liceo de Sens. *31 de agosto*: Muerte de su hermana Marie.
1859. Se enferma gravemente de reumatismo. *Junio-julio*: Escribe un largo poema en dos partes: *Su fosa está abierta. Su fosa está cerrada*.
1860. A pesar de los muchos premios recibidos en composición francesa, latín y griego, no logra aprobar el examen de bachillerato. *Noviembre*: Aprueba el examen de bachillerato. Su padre, como consecuencia de una caída, queda tullido. Mallarmé consigue un modesto trabajo de ofici-

nista.

1861. Lo conmueve la lectura de *Las Flores del Mal* de Charles Baudelaire, cuya segunda edición acaba de salir a la venta. *Mayo*: Va a vivir, junto con su familia, en las afueras de Sens.

1862. *Enero*: la revista *Le Papillon* publica el primer artículo de Mallarmé, una crítica de las *Poesías parisinas* de Emmanuel des Essarts. *Febrero*: Primer poema publicado de Mallarmé, *Placet* en *Le Papillon*. *Marzo*: La revista *L'Artiste* publica otros dos poemas de Mallarmé. *Noviembre*: Viaja a Londres en compañía de Christina (Maria) Gerhardt, una gobernanta alemana nacida en 1835 a la que corteja desde el mes junio. Este año escribe varios poemas, entre los cuales figura "Queja otoñal".

1863. *12 de abril*: Muere su padre. Hace un segundo viaje a Londres y traduce algunos poemas de Edgar Allan Poe. *10 de agosto*: Se casa con Maria Gerhard en Londres. Obtiene un certificado que lo autoriza a enseñar inglés. *5 de noviembre*: Es nombrado profesor suplente de inglés en la escuela secundaria de Tournon, donde se instala con su mujer a partir de diciembre.

1864. Entre otros poemas, escribe este año "Pobre niño pálido", "La pipa" y "Reminiscencia". *2 de julio*: Su amigo el poeta Albert Glatigny publica en la revista *La Semaine de Cusset et de Vichy* sus poemas en prosa "Queja otoñal" y "Pobre niño pálido". *Octubre*: Comienza a escribir *Hérodiade*. *19 de noviembre*: Nace su hija Françoise-Geneviève-Stéphanie.

1865. *Junio*: Comienza a escribir *L'après-midi d'un Faune*. Escribe "El fenómeno futuro". *Septiembre*: La Comedia Francesa rechaza, para su representación, una primera versión de *L'après-midi d'un Faune*.

1866. *Mayo*: Aparece el primer volumen colectivo de *Le Parnasse contemporain*, que incluye diez poemas de Mallarmé, junto a autores ya consagrados tales como Charles Baudelaire, Paul Verlaine, Leconte de Lisle o Villiers de L'Isle-Adam. *Octubre*: Es nombrado profesor de inglés en la escuela secundaria de Besanzón, adonde va a vivir con su familia. *22 de noviembre*: Recibe una primera carta de Paul Verlaine con el envío de los *Poèmes saturniens* que acaban de aparecer.

1867. *Octubre*: Es nombrado profesor de inglés en la escuela secundaria de Aviñón en donde se instala este mismo mes.

1869. *Enero*: Pasa por serias dificultades de dinero. *Marzo*: Envía *Hérodiade* para ser publicado en *Le Parnasse contemporain*.

1871. *Mayo*: Va a vivir con su familia a Sens. *16 de julio*: Nace su hijo Anatole. *Agosto*: Breve estadía en Londres, donde conoce al poeta y traductor John Payne. *Octubre*: Obtiene un puesto de profesor de inglés en el actual Liceo Condorcet de París, donde se instala con su familia a fines de noviembre.

1872. *Enero*: Comienza a frecuentar asiduamente a Verlaine. *1 de junio*: Conoce a Rimbaud en la cena de los *Vilains Bonshommes*

1873. *Abril*: Conoce a Édouard Manet y, posteriormente, a Méry Laurent, amante del pintor a la que Mallarmé dedicará varios poemas. *Noviembre*: Planea con Catulle Mendès crear una asociación internacional de poetas.

1874. *Febrero*: Conoce a Émile Zola en casa de Édouard Manet. *Julio*: El editor Alphonse Lemerre se niega a incluir en la nueva antología parnasiana el poema de Mallarmé *L'après-midi d'un faune*. *6 de septiembre*: Funda y redacta en

	su mayor parte *La Dernière Mode*, periódico de modas que tendrá corta vida.
1875.	*Junio*: Publica su traducción de *El cuervo* de Edgar Allan Poe, ilustrada por Édouard Manet. *Agosto*: Nueva estadía en Londres. En el Museo británico conoce al poeta Arthur O'Shaughnessy y al crítico Edmund Gosse.
1876.	Este año escribe *Le Tombeau d'Edgar Poe*. *Abril*: Publica *L'après-midi d'un faune*, ilustrado por Manet. *Junio*: Escribe un prefacio para la versión original, en francés, del *Vathek* de William Beckford. *Octubre*: Édouard Manet pinta el hoy célebre retrato de Mallarmé.
1877.	*Marzo*: La revista *La République des Lettres*, dirigida por Catulle Mendès, publica sus últimas traducciones de poemas de Edgar Allan Poe.
1878.	*Enero*: Publica *Les Mots anglais*, manual escolar para la enseñanza del inglés. Su pequeño hijo Anatole comienza a tener serios problemas de salud.
1879.	*8 de octubre*: Muere Anatole Mallarmé.
1880.	Publica el tratado de mitología *Les Dieux antiques*, adaptación libre de *The Mythology of Arian Nations* del historiador británico George William Cox. Comienza a animar en su casa de París, en la Rue de Rome, los *Mardis*, tertulias literarias que pronto se harán célebres.
1881.	Traduce al francés *The Star of the Fairies*, relato para niños de W. C. Elphinstone.
1883.	*30 de abril*: Muere Édouard Manet. *Noviembre-diciembre*: Verlaine publica en la revista *Lutèce* el ensayo de *Les Poètes maudits* dedicado a Mallarmé.
1884.	*Abril*: Verlaine publica *Les Poètes maudits*. *Mayo*: Se publica la novela *À rebours* de Joris-Karl Huysmans, que contiene un penetrante análisis de la poesía de Mallarmé. *Octubre*: Obtiene

	el puesto de profesor de inglés en el Liceo Janson-de-Sailly.
1885.	Escribe "El nenúfar blanco". *Noviembre*: Le escribe a Verlaine la *Carta autobiográfica*.
1886.	*Agosto*: Redacta el prefacio para su *Traité du verbe*. Este año escribe "La Gloria" y, probablemente, "El eclesiástico".
1887.	*Octubre*: *La Revue indépendante* publica, en edición limitada y de lujo, sus *Poésies*. *Diciembre*: Publica su *Album de vers et de prose*.
1888.	*Marzo*: Traduce al francés *Ten o'clock*, conferencia de su amigo James McNeill Whistler. *Julio*: Se publican en volumen todas sus traducciones de poemas de Edgar Allan Poe.
1889.	*Marzo*: Junta dinero para Villiers de l'Isle-Adam, quien se encuentra enfermo de cáncer y en la miseria. *19 de agosto*: Muerte de Villiers de l'Isle-Adam.
1890.	*Febrero*: Viaja a Bélgica para dar varias conferencias sobre Villiers de l'Isle-Adam. *Octubre*: Recibe una primera carta de Paul Valéry.
1891.	*Febrero*: Recibe una primera carta de André Gide. *Mayo*: Recibe una primera visita de Paul Valéry, quien más tarde dirá "Nadie habló nunca como él".
1892.	*Julio*: Acepta presidir el comité que propugna la erección de un monumento a Charles Baudelaire. *Noviembre*: Se publican sus *Vers et prose*.
1893.	*Agosto*: Obtiene licencia en su puesto de profesor hasta noviembre, mes en que solicita la jubilación.
1894.	*Enero*: Se le concede la jubilación como profesor de inglés. *Febrero*: Viaja a Inglaterra. *Marzo*: Da conferencias en Oxford y Cambridge. *Noviembre*: Envía a su editor Deman el manuscrito de sus *Poésies*, que serán publicadas en forma póstuma en 1899.

1895. *Marzo*: Recibe una primera y larga carta de Paul Claudel.
1896. *9 de enero*: Muerte de Paul Verlaine. *27 de enero*: Es elegido *Príncipe de los Poetas*, en reemplazo de Verlaine. Este año escribe su célebre Un coup de dés jamais n'abolira le hasard.
1897. *Enero*: Publica *Divagations*, recopilación de artículos y poemas en prosa. *Marzo*: Un grupo de jóvenes poetas (entre otros, Henri de Régnier, Pierre Louÿs, Paul Claudel, Édouard Dujardin, Émile Verhaeren, Georges Rodenbach, Paul Valéry), que se consideran sus discípulos, le obsequian un volumen de poemas en su honor. *Mayo*: Pasa la primavera en su casa de Valvins, donde termina de escribir *Hérodiade*. *Julio*: Recibe las pruebas de galera de *Un coup de dés*, que será publicado póstumamente en 1913.
1898. *9 de septiembre*: Muere en su casa de Valvins. El entierro tiene lugar el 11 de septiembre en el cementerio de Samoreau.

NOTAS

1. Atta Troll es el nombre del oso que protagoniza el poema homónimo de Heinrich Heine; Martín es un nombre que se da tradicionalmente en Francia a los osos amaestrados.
2. Reproducimos con este neologismo el término *frérial* empleado por Mallarmé.
3 (†). *Usité a la Renaissance anglaise* (usual en el Renacimiento inglés). (N. del A.).
4. Mallarmé emplea el término arcaico *chemineau*, homófono del actual *cheminot*, 'ferroviario' (significado que también tenía el término *chemineau*).

OTROS TÍTULOS

- CARTAS DE GUERRA, Jacques Vaché
- LOS TRES AMORES DE BENIGNO REYES, John-Antoine Nau
- HISTORIA DE DOS AMANTES, Enea Silvio Piccolomini
- ÉDOUARD, Claire de Duras
- LA MUERTE DIFÍCIL, René Crevel
- TREINTA Y SIETE VERSIONES HOMÉRICAS Y OTRAS TRADUCCIONES, Leopoldo Lugones
- LOS CENCI, Alexandre Dumas
- LAS ROSAS. LAS VENTANAS (edición bilingüe), Rainer Maria Rilke
- EL CASO LEMOINE Y OTROS PASTICHES, Marcel Proust
- LA MALDICIÓN DE LOS NORONSOFF, Jean Lorrain
- VERGELES (edición bilingüe), Rainer Maria Rilke
- MEMORANDA. DIARIOS 1836-1864, Jules Barbey d'Aurevilly
- NOTAS DESDE MI CABAÑA DE MONJE, Kamo no Chômei
- EL AMOR EN VISITAS, Alfred Jarry
- LAS CUARTETAS VALESANAS (edición bilingüe), Rainer María Rilke
- LA MARQUESA DE BRINVILLIERS, Alexandre Dumas
- TELARAÑAS DE UN CRÁNEO VACÍO, Ambrose Bierce
- DIÁLOGO DE LA SALUD, Poesías, Carlo Michelstaedter
- ADIÓS, Honoré de Balzac
- KARL LUDWIG SAND, Alexandre Dumas
- LA MUJER POBRE, Léon Bloy
- QUERIDA MAMÁ. CARTAS A LA MADRE 1834-1859, Charles Baudelaire
- POEMAS Y DEDICATORIAS (edición bilingüe), Rainer Maria Rilke
- NAPOLÉON. RETRATO DE UN TIRANO, Germaine de Staël
- LA ACUSACIÓN Y LA DEFENSA, Gilbert Keith Chesterton
- EJERCICIOS Y EVIDENCIAS (edición bilingüe), Rainer Maria Rilke

Made in the USA
Columbia, SC
20 July 2024